Viviendo Deliberadamente

El Descubrimiento y Desarrollo de Avatar®

por
Harry Palmer

Todo nuestro amor a todas las personas que
contribuyeron a la creación de este libro.

Asistencia Editorial
Kayt Kennedy

Portada y diseño gráfico por
Jim Becker

Nota y Exención de Responsabilidad del Editor:
*VIVIENDO DELIBERADAMENTE es la primera sección de una obra
original más extensa que en su conjunto es conocida como los
Materiales Avatar. Los personajes y eventos descritos en el texto de
VIVIENDO DELIBERADAMENTE tienen el propósito de
entretener y enseñar en vez de presentar un relato factual y
exacto acerca de personas o eventos reales.*

publicado por

Star's Edge International®
237 North Westmonte Drive
Altamonte Springs, Florida 32714 EE.UU.

**Viviendo Deliberadamente:
El Descubrimiento y Desarrollo de Avatar®**
© 1994, 1997, 2002, 2008, 2012 por Harry Palmer.

Avatar®, Thoughtstorm® y Star's Edge International® son
marcas registradas de servicios con licencias otorgadas a Star's Edge, Inc.
ReSurgiendo℠, CPI℠, Civilización Planetaria Iluminada℠, Ama A La
Preciosa Humanidad℠, Torbellino de Pensamientos℠ y Creativismo℠
son marcas de servicios con licencias otorgadas a Star's Edge, Inc.

RESERVADOS TODOS LOS DERECHOS
Ninguna parte de este libro puede ser usada o reproducida en
forma alguna sin la autorización escrita del editor.

ISBN: 978-0-9626874-5-7

El Curso Avatar® es un curso de desarrollo personal de nueve días, basado en principios de conciencia definidos y descritos por Harry Palmer.

Desde su introducción en 1987, Avatar ha experimentado un crecimiento mundial explosivo. Más de 23.000 han tomado El Curso Master Avatar para hacerse instructores certificados y decenas de miles de graduados de Avatar están esparcidos en 130 países alrededor del mundo.

Los Materiales Avatar actualmente están disponibles en los siguientes idiomas:

*alemán * chino * coreano * croata * danés*
*esloveno * español * farsi * francés * hebreo*
*holandés * húngaro * indonesio * inglés*
*islandés * italiano * japonés * nepalés*
*noruego * polaco * portugués*
*ruso * sueco*

El Descubrimiento y Desarrollo de Avatar

Tabla de Contenido

Parte I

Prefacio del Autor Momentos Extraordinarios xi
Capítulo I Los Años '60 3
Capítulo II Incubación. 11
Capítulo III Sumergiendo en el Tanque 21
Capítulo IV Todavía Estoy Flotando. 27
Capítulo V Notas desde el Tanque 31
Capítulo VI El Éxtasis. 37
Capítulo VII Los Primeros Avatares 39

Parte II

El Preámbulo 47
Capítulo VIII La Historia de los
                Sistemas de Creencias 49
Capítulo IX Clases de Sistemas de Creencias. 53
Capítulo X Recuperando Tu Matriz Mental 57
Capítulo XI Una Conversación Privada
              sobre la Honestidad. 59
Capítulo XII Punto de Vista y la Naturaleza de Ser . . . 65
Capítulo XIII La Gran División 69
Capítulo XIV Creativismo^{SM} y Realidad 73
Capítulo XV Diseñando Tu Propia Realidad 77
Capítulo XVI Verdad Relativa y Existencia 83

Parte III

Capítulo XVII Expansión 89
Capítulo XVIII La Nueva Civilización. 97
Avatar: Práctico y Místico 101
Epílogo de Harry Alineación 105

Prefacio del Autor
Momentos Extraordinarios

¿Alguna vez has pensado en el tema de la conciencia? ¿Dónde estaría el universo sin la conciencia? Si comenzaras a eliminar cosas del universo – soles, planetas, espacios, energías – la última cosa que eliminarías sería ¡la **conciencia**!

¿Podrías tú incluso eliminar la conciencia? ¿Quién, o qué, lo sabría si lo hicieras?

¿Alguna vez has estado curioso, o quizá hasta preocupado, acerca de la experiencia momentánea de alguna inusual o inesperada habilidad mental o estado de conciencia extranormal? Quizá estabas más que curioso; quizá buscabas experimentar el estado misterioso una segunda vez.

Nuestras fes religiosas, y más recientemente nuestras ciencias, abundan en referencias a extraordinarios fenómenos de conciencia: iluminación, experiencias de momentos decisivos, conciencia holográfica, transformación cuántica, conciencia cósmica, éxtasis, nirvana, samadhi, gracia, armonía universal, sanación espontánea, ritmos alfa, euforia celestial, experiencia fuera del cuerpo (en inglés: OBE), percepción extrasensorial (en inglés: ESP), levitación, la gloria de la redención, la paz de la salvación, satori, naturaleza divina, conciencia de Cristo – y esto es solo una pequeña muestra.

La creciente lista confirma que más y más personas están encontrando fenómenos que no encajan en sus momentos despiertos. *¿Está pasando algo con la conciencia? ¿Está experimentando su propia evolución? ¿Un despertar cósmico?*

Los fenómenos extraordinarios de la conciencia ocurren espontáneamente y no siempre concuerdan con explicaciones simples de causa y efecto. Las personas sienten inseguridad en cuanto a cómo describir los eventos no físicos. La mayor parte de la terminología tiende a ser esotérica o vagamente fluida en significado. Las comparaciones y categorizaciones están más cercanas al arte o la analogía que a la ciencia. Y justo cuando la comprensión parece inminente, el evento, como un sueño rápidamente olvidado, se disipa en una niebla de dudas. Por un momento hubo algo inusual... *¿no hubo?* Las descripciones en palabras son un pálido sustituto de la cosa real.

Las instrucciones o prácticas que intentan recrear los fenómenos generalmente se condensan en algún tipo de ritual de ser-hacer-tener al revés, que dice: "Ten fe, haz esto una y otra vez y quizá algo pueda suceder que podrías describir como..." Desafortunadamente el universo no opera al revés y el único resultado, de tales rituales, son la degradación de uno mismo, la hipocresía y el fingir.

Así que las personas aprenden a vivir con el recuerdo incierto de algunos momentos, horas o días de una experiencia extraordinaria de la cual se desconoce la causa: un momento eufórico de amor, un momento omnipotente de invulnerabilidad, un momento omnisciente de claridad cristalina, un momento de gracia, un momento de premonición, un momento tan real que el resto de la vida parece un sueño. ¿Cómo puede uno recuperar estos momentos? ¿Qué combinación de pensamiento y evento los creará? Esta es una búsqueda hacia el interior del reino quintaesencial de la conciencia. El premio está más allá de cualquier cantidad de fama, riqueza o poder.

¡Momentos extraordinarios! ¡Momentos llenos de asombro! ¡Experiencias que dejan incluso a la vida y la muerte en una perspectiva menor! Dejan momentos mágicos inexplicables y un indicio de una hebra que, si fuésemos capaces de asirla, podría absolutamente desenredar y redefinir lo que somos y en lo que nos estamos convirtiendo.

Para algunos, las exigencias y los deseos de la vida erosionan tales momentos hasta el olvido y se refugian de nuevo en la seguridad de una realidad común y corriente: sueldos y gastos. Probablemente, ya habrán dejado a un lado este libro y continuado con la lucha que llaman sus vidas.

Pero tú aún sigues leyendo. Para ti, una vida de nueve a cinco, aunque tal vez necesaria, no es una respuesta. Tú estás en algún tipo de búsqueda. ¿Hay algunos recuerdos fascinantes rondando cerca del borde de tu imaginación? ¿Te gustaría echarle un vistazo más?

Parte I: La Búsqueda

Capítulo Uno
Los Años '60

Invierno de 1962. Una noche estaba caminando de regreso de la biblioteca cuando un Dodge verde de 1940 se detuvo a mi lado. Remolcaba una casa rodante Airstream plateada, más o menos de la misma época. Se sentía misterioso, como si acabase de salir de un episodio perdido de la Dimensión Desconocida. Me imaginé a Rod Serling parado por ahí en la calle y a punto de decir con voz locutora: *"Para tu consideración, Harry Palmer, estudiante de ingeniería desanimado. Como tantos de su generación, su mente se esfuerza por comprender el sendero que sigue su vida. Dentro de pocos momentos, sus preocupaciones se verán interrumpidas mientras él cumple su cita con el destino ...en la Dimensión Desconocida." (música)*

Una ventana empañada se abrió, una mano enguantada se extendió y me presentó una invitación escrita a mano. Decía:

> ¡La última Gira Mundial de Swami Ananda!
>
> ¡Experimente una última audiencia con el Swami Ananda antes que se una al Éxtasis del Universo!
>
> Sólo por invitación, $ 5,00.

¿Fue coincidencia que yo era la única persona en la calle, o que da la casualidad de que tenía conmigo todos los ahorros de mi vida, cinco arrugados billetes de un dólar?

* * * *

Anteriormente, ese mismo año, me había ganado una beca para la Universidad de Clarkson, una de las mejores universidades de ingeniería en los Estados Unidos, el paraíso de las reglas de cálculo. ¿Afortunado? No lo creo. La beca era un desastre disfrazado de premio. Hubiera sido mejor que me aconsejaran acomodarme en un autobús de turismo con una enciclopedia. Mis intereses eran tan amplios que los detalles me confundían. Yo era un experto en lo enteramente superficial, pero era gratis así que fui.

Despertar: darse cuenta de que uno es consciente

Parte I: La Búsqueda

Asistí a conferencias dictadas por algunos de los mejores teóricos matemáticos y físicos del mundo, pero sólo encontré reflejos clarificados de mis propias confusiones. No parecía haber ningún fundamento en lo que me enseñaban. Me sentía como si hubiera entrado a mitad de la función. Qué desastre. Demasiado tarde para los principios iniciales y demasiado temprano para las conclusiones. *Esto, y así esto, y así esto, y así esto,... ¿y qué?*

Me sentía como un simio inteligente en el puente de mando de una astronave espacial. Aprendí las combinaciones de los accesos por teclado para las escotillas, pero no importa que la astronave existía, o que alguien tenía una razón para construirla, ¡o que se dirigía a alguna parte! Preguntas irrelevantes. Aparentemente, nadie sabía las respuestas. Las sonrisas condescendientes de los profesores decían que era una señal de mi inmadurez que tan siquiera me molestara en preguntar.

De manera que esta noche salí caminando de la biblioteca, beatnik-ingeniero-poeta, doblé mi libro de cómics Marvel de *Doctor Extraño* y me dirigí hacia la residencia universitaria.

* * * *

El misterioso Dodge verde rebotaba en los baches y dobló hacia dentro del Cubbly Park, una pequeña franja de grama con mesas de picnic a lo largo del Río Raquette. Se detuvo en un círculo de luz bajo uno de los nuevos faroles de gas de mercurio y esperó. Traté de ignorarlo. Yo estaba de camino a la calidez de la residencia universitaria, y me dije a mí mismo que no me importaba para nada la última gira mundial de nadie. Yo sólo quería...
¿*QUÉ*? Me di la vuelta y regresé caminando hacia el Dodge. *¡Yo no puedo creer que estoy haciendo esto!*

"Namasté." Una voz de mujer – fuerte acento hindú – me saludó con una palabra que yo casi recordaba. Ella apareció desde detrás de la casa rodante, y con una profunda reverencia se identificó. "Soy una discípula del Swami Ananda."

Tenía un punto rojo en su frente y llevaba un chal color naranja brillante. Al principio parecía como una jovencita y luego como una mujer mayor. Me fue difícil enfocarme en sus facciones.
¿Es vieja o joven? No lo sé.

Capítulo 1: Los Años '60

"Puede ver al Swami inmediatamente," dijo, y extendió su mano para mi dinero. Me sorprendí entregándoselo. Ella dobló los dólares y los colocó en una pequeña carterita bordada con cuentas. *Allí va la hamburguesa Dilly # 2 con batido de fresas.*

"¿Cuál es su nombre, joven buscador?" preguntó.

"Harry." *Por cierto, ¿qué edad tienes?*

"Debo decirle, Sr. Harry, que el Swami no ha hablado en voz alta desde hace 20 años, pero él conoce cada uno de sus pensamientos, y le comunicará a través de mí lo que usted más necesita aprender." Como para demostrar el extraño arreglo, por un momento ella pareció volverse transparente y desaparecer. Yo froté mis ojos incrédulos.

¡Un hombre santo telepático! ¡Una mujer invisible cuya edad cambiaba cada vez que la miraba! *¿En qué me he metido esta vez?*

La discípula abrió la puerta e indicó que debía sentarme en un cojín rojo que se encontraba en un extremo de la única habitación de la casa rodante. La casa rodante se balanceaba bajo mi peso cuando entré. *Cera de velas e incienso.* A medida que mis ojos se ajustaban a la parpadeante luz de la vela, vi a un beatífico anciano sentado en una silla plegable. *¿Siempre viaja aquí atrás?* Sus ojos estaban cerrados y parecía estar dormido – ¡o quizá muerto! Recordé un rumor del colegio acerca de un cuerpo momificado en el armario del piso de arriba en el edificio de los Odd Fellows.

Sin que yo notara, la mujer entró en la casa rodante detrás de mí. Flotando como algún fantasma, se acomodó junto a mí e hizo una reverencia hacia el anciano. Él no movió ni un cabello. *¡Ay Dios*, pensé, *el Show de Fenómenos Ripley: "Aunque Usted No Lo Crea"! Llevan a un hombre santo muerto de un lado a otro en una casa rodante y yo pagué para verlo.*

La mujer anunció con una voz fuerte, "Swami Ananda, deseo presentarle a uno que busca las grandes respuestas." *Él no se movió.*

Durante varios minutos nadie habló, nadie se movió. Me quedé mirando al viejo con morbosa curiosidad. ¿Estás muerto o vivo? Por fin la mujer asentó con la cabeza en señal de reconocimiento, como si algo se hubiese dicho. Yo no escuché nada, pero de repente noté en el piso delante de mí una hoja de papel que no había visto antes. La mujer me

Parte I: La Búsqueda

dio un lápiz y dijo, "Swami se siente honrado de poder al fin conocerlo, Sr. Harry. Él desea que usted le dibuje un círculo."

La declaración me sorprendió. ...*¿honrado al fin? ¿Él me ha estado esperando?* De repente mi brazo se erizó. Probablemente sea el frío, me dije a mí mismo. De todas maneras, dibujé el círculo.

La mujer aprobó. "Gracias, Sr. Harry."

Luego colocó el pedazo de papel en una bandeja y la sostuvo ante el Swami. *¡Se movió! ¡Está vivo!* Sin abrir los ojos ni pronunciar una palabra, tomó el lápiz y dibujó un círculo más pequeño dentro de mi círculo y un círculo más grande por fuera de mi círculo. Tres círculos concéntricos.

Por un momento la mujer pareció desmayarse, luego revivió lo suficiente como para doblar el papel y presentármelo solemnemente sobre sus palmas extendidas.

"Gracias," dije. *¿Quién eres? ¿Por qué pareces tener todas las edades al mismo tiempo?*

La casa rodante se balanceó de nuevo cuando descendí. Comencé a preguntarme si alguien me estaba jugando una broma. ¿Una broma pesada de la fraternidad estudiantil? Eso era, estaba seguro. Me alejé caminando, crucé la calle y me senté en el respaldo de un banco. Hacía frío y comenzó a nevar. Deseaba tener un botón para abrocharme el cuello de mi chaqueta deportiva Joey Dee de pana. *No se oían risas borrachas. No había nadie en los alrededores.*

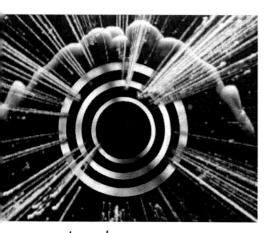

Las grandes respuestas

Al rato, el Dodge salió de Cubbly Park y pasó a mi lado. Los vidrios estaban demasiado empañados como para ver quién manejaba. Los viejos automóviles Dodge utilizaban un pequeño ventilador en el tablero para descongelar el parabrisas y éste no estaba funcionando. Quienquiera que se encontraba al volante manejaba por instinto.

Mientras el carro se emparejaba con mi banco, redujo la velocidad y palabras que yo nunca había escuchado ni nunca olvidaré formaron un pensamiento en mi cabeza. *Soy tan vieja como se imagina que soy. Que crezca para llegar a ser el universo, Sr. Harry.*

Capítulo 1: Los Años '60

El Dodge desapareció en la noche. Estuve sentado por largo rato y observé la nieve comenzando a caer. Parecía estar borrando mi mundo.

Dejé la universidad. Dejé la ingeniería. Dejé la ciudad. ¿Tres ondas concéntricas de mi encuentro con el swami? Regresé a casa y me establecí en el sótano. Mi madre se preocupaba y mi padre me llamaba un vago. Yo dormía todo el día y leía toda la noche. Ocasionalmente asistía a clases en una universidad local para estudiar filosofía y literatura inglesa.

* * * *

Verano de 1965. Trabajé como cocinero de comida rápida en Dog 'n Burger la mayoría del verano. Ahorré lo suficiente para comprar un Mercury de 1953 con un motor SV. Era un V-8 azul turquesa con un techo blanco. El vendedor incluyó un par de tapacubos en forma de luna para las ruedas traseras. Rines negros adelante. Estaba en la onda. Yo estaba en la onda – demasiado en la onda, con mi cabello largo hasta los hombros, para voltear hamburguesas. Enrollé un paquete de Lucky's en la manga de mi camiseta blanca y me lancé a la carretera: Greenwich Village, Haight Ashbury, Berkeley. Yo no tenía la menor idea hacia dónde iba. Ir era suficiente. Yo y el Mercury azul a la deriva, pasando sobre la próxima colina, tomando la próxima curva. Llevaba conmigo los círculos del swami, esperando que me dijeran algo. Cuando necesitaba dinero pintaba habitaciones en moteles. Algunas noches me detenía en las cafeterías y leía los poemas que había escrito. Rimas de beatniks y tambores de bongó. Ocasionalmente alguien pasaba un sombrero y me ganaba unos dólares, pero principalmente pintaba. Las habitaciones de los moteles siempre necesitaban pintura.

Conocí amigos en el camino que también estaban "rodando"– Smokey, Rebel y Steve. Fuimos de universidad en universidad, comiendo en las cafeterías estudiantiles con tarjetas de identidad prestadas, y cuando teníamos suerte, dormíamos en habitaciones vacías en las

Demasiado en la onda para voltear hamburguesas

residencias estudiantiles. Visitamos comunas, empacábamos alimentos para los mercados cooperativos y en general andábamos en la creciente cultura clandestina que caracterizaba estos tiempos.

Steve llevaba un cuchillo en su bota que le hacía cojear. Su cojera era de onda. Tenía una lata vacía de gas lacrimógeno de alguna protesta y decía ser un reclutador para los Estudiantes para una Sociedad Democrática. La mayor parte del tiempo escuchaba rock and roll mientras se enseñaba a tocar bajo eléctrico. *Hay una… casa… en Nueva Orleans, que es do-o-onde na-a-ace el sol*. Hasta dormido tocaba esa canción.

> "¡Tú eres la Verdad que buscas!"

Rebel (*Rebelde*) se parecía al hombre Zig Zag de los papeles para enrollar cigarrillos, de manera que así lo llamaba yo. Él se dedicaba a la misión de que todo el mundo se drogara con marihuana. Podía enrollar un cigarrillo de marihuana con una sola mano – al menos el primero. Nos convirtió en fumadores de marihuana y discutíamos acerca de que cómo los duendes se transforman en troncos cortados de árboles si miras demasiado de cerca. Nos reíamos juntos, teníamos ataques de comedera y nos olvidábamos de lo que estábamos hablando. Olvidábamos mucho. Olvidar se sentía bien. *¿De qué estábamos hablando ahorita?*

Smokey. ¡Ahh, Smokey! Una chica liberada. Abucheaba los comerciales con las amas de casa del café Maxwell y hacía el amor para protestar contra la guerra. *¿A dónde fuiste a parar, niña?*

> "…los tiempos están maduros para la revolución."

¿Yo? En mi mente yo era la versión hippy de Roy Rogers. Creo que mis amigos sentían esa identidad porque me llamaban Cowboy (*Vaquero*). ¡Un vaquero espacial con pelo largo! Me pregunto si ¿Roy alguna vez llevaba una cola de caballo?

Estaba estudiando psicología occidental y filosofía oriental y terminando la universidad sin asistir a clases. Los profesores que pasaban lista de asistencia aprendieron a saltarse mi nombre. Yo no estaba allí. Yo era un simio de libros, brillante en las pruebas, que usaba una amenazadora banda negra en el brazo y que sólo aparecía para sus exámenes. Me toleraban porque eran los radicales años '60 y los decanos universitarios eran políticamente cautelosos. La Universidad de Columbia estaba cerrada por disturbios estudiantiles. Cornell tenía sus edificios ocupados por radicales

Capítulo 1: Los Años '60

que portaban escopetas. Como decía la canción, *"...los tiempos están maduros para la revolución."* Eran tiempos peligrosos para ser intolerante.

Así que mi educación fue casual y móvil. El papel con los círculos del swami sobrevivió a la transmisión del Mercury. Yo conducía el carro como Robert Mitchum en la película *El Camino Turbulento*. Un día solté el embrague para hacer chillar los neumáticos. Terminó como otro fantasma, oxidándose en una chatarrería en Pennsylvania. Chatarra. Acepté $25 dólares por él y pedí aventón hacia el oeste.

Smokey quería que me reuniera con ella en Chicago para protestar del congreso, al menos eso era lo que estaba en la agenda. Yo habría llegado si no hubiera sido por el hombre Zig Zag. Volvió de una conferencia de Timothy Leary predicando el evangelio del ácido. Tenía una docena de Ozlies morados. Sandoz. Four-ways (*cuatro-vías*). Los llamaban así porque una pastilla podía transformar cuatro cerebros normales en papilla eléctrica. ¡Doce mil microgramos de LSD-25 puro! Cincuenta microgramos te daban una experiencia religiosa, cien te hacían creer que tú eras Dios.

Finalmente recibí una Maestría en Ciencias de la Educación en '71, con especialidades en inglés, historia, filosofía y psicopedagogía. ¡Bastante lejano de la ingeniería! Después de la graduación nos sentamos en el patio cuadrangular tomando vino Ripple de fresa y escuchando los sonidos de los colores, observando a los envidiosos novatos con ojos como linternas, cuyas preguntas dejaban imágenes latentes en el aire. Vibraciones en todas partes. *¡Lucy en el cielo con diamantes!*

Realmente espero que nada de esto te ofenda, pero estaría traicionando a amigos muertos si no lo contara tal como fue. Para mí, así es como fueron aquellos días. Asesinatos, amenaza nuclear y guerra en Vietnam. No siempre parecía que íbamos a sobrevivir. Gas lacrimógeno y locura. Conteos de cadáveres todas las noches en las noticias. *"Hoy, se mataron 500 del Viet Cong y 103 soldados americanos perdieron sus vidas."* Un millón de balas encontraron carne cálida en la batalla entre los creyentes fervientes. La moralidad se estaba muriendo desangrado, suficiente

Verdades desvaneciendo

Parte I: La Búsqueda

Adiós a los años '60

sangre para poner a flote un superpetrolero y, en medio de todo, un hombre caminó en la luna. TV en vivo, escrituras desde la luna, *"Un pequeño paso para un hombre, un gran salto para la humanidad."*

El mundo y yo entrábamos y salíamos de cosas que dejaron profundas huellas en nuestra alma colectiva. ¿Y los tres círculos? Me acompañaron a través de los peligrosos mundos del posgrado, los cultos y los chamanes psicodélicos. Me vinieron a la mente cuando la letra de una canción de Bob Dylan me recordó: *"¡Naa-da es revelado!"* Estaban allí cuando me contoneaba con una nueva esposa al ritmo de: *"Somos la Banda del Club de Corazones Solitarios del Sargento Pepper, esperamos que disfruten del show."* Y también seguían allí cuando unos años después nos secamos las lágrimas y nos dijimos adiós.

Luego, como la mayoría de las cosas, se perdieron. Como si la verdad pudiera perderse. Tal vez fueron dejados atrás como un marcador de sitio en alguno de los libros que yo estaba leyendo en ese entonces: *La Rebelión de Atlas, Forastero en tierra estraña, Viaje al Oriente, Siddharta, El experimento Harrad, Ponche de ácido lisérgico, Dune, El I-Ching.* No lo sé.

¡Luego terminó! Así como así. Fin de la línea. Último tren a la costa. Era hora de enderezarse.

Me corté el cabello largo y compré un traje Robert Hall usado. Me mudé hacia el otro lado del escritorio y di conferencias sobre figuras literarias americanas. Me deshice de los años '60 como el exoesqueleto vacío de una chicharra pegada a la corteza de un roble. Pantalones de campana, collares de cuentas de colores y las drogas, Morrison, Joplin y Hendrix, dejados atrás.

Los años '60 fueron una década fuera de secuencia, una experiencia espiritual fortuita, posibilidades errantes en busca de un hogar. Al menos así es cómo yo los recuerdo.

Y en alguna parte entre las posibilidades, los círculos dentro de los círculos, las semillas de los materiales Avatar comenzaron a crecer en mi conciencia.

Capítulo Dos
Incubación

Un día al comienzo de los años '70 en Los Ángeles, tuve una experiencia extraordinaria que no comprendería ni volvería a experimentar sino hasta más de una década después.

Salí caminando de mi apartamento y noté que mi perspectiva normal había sido sustituida por una mucho más amplia – ¡una perspectiva total! ¡Mis pensamientos y las cosas que miraba estaban en el mismo lugar!

Caminaba a través de un paisaje físico que era igual a mi mente. Separado de ambos. ¡Lo que antes había estado dentro de mi mente ahora estaba afuera! ¿O quizá lo de afuera estaba adentro? ¡Círculos concéntricos! Algo importante se había disuelto, algo que mantenía separado lo objetivo de lo subjetivo. El mundo y la mente de repente eran sinónimos. Una alineación fortuita y perfecta del pensamiento mental y la realidad física. ¡Tan sencillo, tan puro! **La mente se había convertido en el universo, o quizá era al revés.** Cerré los ojos y ¡todavía podía ver! Mi visión física y mi visión mental estaban perfectamente alineadas.

Estaba asombrado ante mi propia calma. Había un alivio entretenido, como cuando en medio de una preocupación uno descubre que no es necesario preocuparse. El sentido aumentó hasta que envolvió a todo. A mí me parecía ser la experiencia quintaesencial del significado de la palabra "bien". Todo estaba bien. **¡Todo** estaba bien! *¿Le había pasado esto a alguien anteriormente?*

¿A quién le podía preguntar? ¿Alguna vez te has sentido como yo me siento? ¿Cómo me siento? Desapegado...pero bien. ¡Sí! ¡Bien! Miré hacia arriba y hacia abajo de la calle como esperando que el viejo Dodge verde apareciera. ¡Nada!

Más tarde me encontré con una amiga, pero yo estaba renuente a hablar con ella acerca de la experiencia. Yo sospechaba que ella la enmarcaría en términos psicológicos y eso significaría una discusión que yo prefería no tener en ese momento. *Aparte de eso, si descubres que de repente te*

Parte I: La Búsqueda

has pasado el límite ¡no tiene sentido difundirlo! Simplemente me mezclé entre las filas de aquellos que fingían ser normales y guié mi cuerpo a clase. ¡Ojos cerrados!

El cuerpo funcionaba bien e iba hacia donde yo lo enviaba, pero en otro nivel yo tenía la peculiar sensación de estar completamente detrás del tiempo y del espacio, sin moverme en absoluto. Mirando, viendo, todo estaba bien.

* * * *

Verano de 1972. Estaba participando en una práctica de terapia espiritual* que insistía que yo retrocediera en el tiempo (75 millones de años, para ser exacto) y explorara mis recuerdos en una vida pasada de un evento horrible que supuestamente había destruido la civilización galáctica y dejado mundos en ruinas. *¿Verdad o ciencia ficción? ¿La caída del hombre? ¿Quién sabe?*

En todo caso, creo que debía llorar o emocionarme o algo para poder liberarme del terrible trauma que había dejado cicatrices en mi conciencia. Me informaron que una señora que ya había pasado por esta terapia había luchado con el trauma durante tres días, pero luego se había curado espontáneamente de cáncer y había recuperado una visión perfecta de 20/20. Así que yo estaba entusiasmado y listo.

Luego de informarme de lo que mis donaciones habían comprado, me dieron un delgado paquete de materiales para leer acerca del evento. Lectura interesante, pero no pasó gran cosa. Bueno, para ser honesto, no pasó nada.

* *Cienciología*

Capítulo 2: Incubación

Supuse que debía haber tenido un importante corte emocional, protegiéndome subconscientemente del horror. ¡Trauma reprimido! Sabía que eso era lo peor. Así que comencé a redoblar los esfuerzos de mi imaginación para crear la más formidable experiencia aterrador que un ser o entidad posiblemente pudiera aguantar. Campos gravitacionales colapsando. Incineración nuclear. Traición. Tortura. Yo temblaba. Comencé a sudar frío. Lloré. Yo gemía y me retorcí en el suelo – al menos una parte de mí lo hizo. Otra parte de mí, la parte desapegada, observaba con interés.

Justo en medio de lo que debe haber sido el episodio de sufrimiento más doloroso que jamás haya afligido a ser alguno, la parte desapegada de mí comenzó a preguntarse:
*¿Y si no creas el recuerdo de este evento? Digo, es **tu** mente, ¿cierto?*
¿Y si sencillamente dejas de crear este recuerdo?

No hay problema. Me parecía un buen consejo. Me paré y me sacudí el polvo.

¿Por qué estaba creando el recuerdo si todo lo que quería hacer era deshacerme de él? Pienso en él para poder dejar de pensar en él. En primer lugar, ¡ni siquiera estaba pensando en él! ¿Quién está a cargo de mi mente, yo o mi mente? ¿Es que mi mente sabe algo que yo no sé?

Cuando les conté, voluntariamente, de mi pequeño descubrimiento, un Oficial de Ética me dijo de manera muy severa (en esos tiempos las prácticas espirituales eran muy serias) que yo estaba evitando el incidente y que necesitaba regresar y pensar en ello un poco más para poder dejar de evitarlo. Acepté sumisamente y regresé a mi habitación. Pero mi entusiasmo por sufrir había sufrido. El evento me enseñó dos lecciones importantes: una, sólo se requiere de una decisión para cambiar la mente de uno; y dos, aprendí a no buscar aprobación por mis tomas de conciencia.**

* * * *

Dejé Los Ángeles con escepticismo acerca de todos los paradigmas psicológicos que nos hacen llevar siempre el peso de nuestro pasado con nosotros – presuntamente alojados en los pliegues del cerebro o archivados electroquímicamente en alguna fusión de mente y cerebro. ¿Cuánto realmente me influye el pasado? Me repetía a mí mismo la pregunta: si aquello me hizo hacer esto, ¿qué me hizo hacer aquello? La parte desapegada de mí, la cual descubrí que podía contactar al sentir honestamente que "todo está bien", se entretuvo con la idea de que cualquier cosa pudiera hacerme hacer cualquier cosa – ¿puede Dios crear una piedra tan pesada que ni siquiera Él pueda levantarla? *Quizá, pensé, si Él quiere.*

Así que una pieza de los materiales Avatar calzó en su lugar: el pasado te influye siempre y cuando tú lo permitas. Desde la parte desapegada que estaba observando, estaba perfectamente claro. **El pasado y el futuro no existen a menos que yo deliberadamente (o mediante alguna opción por defecto) decida crear un recuerdo o imagen de ellos en tiempo presente. El PASADO no es el origen del presente; ¡el PRESENTE es el origen del pasado y el origen del futuro!**

¡Todo está aquí, ahora mismo! El presente es el principio del tiempo.

** Para ser justo con L. Ron Hubbard de la Cienciología y con su tragedia galáctica, se debería señalar que los primeros filósofos griegos creían que un período de intensa contemplación o presenciar una tragedia actuada en un escenario lograba una purga beneficiosa de las cargas emocionales de una persona. La homeopatía también cree que un igual cura a un igual. Así que quizá el desahogarse con un buen llanto puede tener un beneficio terapéutico. Yo creo que la intención de Hubbard no era tanto, como lo creen sus seguidores, ser el historiador literal de un evento, sino involucrarse en alguna homeo-psique-terapia.

Capítulo 2: Incubación

Algo rejuvenecedor me sucedió cuando dejé de crear el pasado. Resurgió la búsqueda por explorar la vida directamente. Dentro de mí había un hambre de principios fundamentales experienciales. ¡La verdadera búsqueda! No era tanto que yo quería saber sino que yo quería experimentar. Parecía como si hubiera estado estudiando las descripciones de otra persona acerca de la vida, sin tomar en cuenta que yo estaba vivo, que mi propia conciencia era el laboratorio perfecto en el cual encontrar la respuesta. Con ese reconocimiento, me convertí en mi propio amigo y comencé a explorar directamente mi propia capacidad para determinar y experimentar.

Los adoctrinamientos de cómo yo debería sentir y cómo yo debería operar comenzaron a derrumbarse. Se despertó un verdadero sentido de responsabilidad personal. Después de diez años de estudios espirituales, me di cuenta de que todo lo que yo había aprendido era lo que creía otra persona – mi mente estaba llena de lo que había concluido o imaginado otra persona. Dragones del pensamiento, manteniéndome alejado de mi propio centro divino.

Comencé a reunir el valor para imaginar por mí mismo, creer por mí mismo. Volví sobre viejos pasos y comencé de nuevo. Descarté cualesquiera de las ideas que había asumido para obtener la aprobación de otros. Seguí un sentimiento intuitivo que me decía que mientras más información recolectara, más me alejaría de la experiencia. Mientras más razones hubiera para que algo fuese cierto, se volvía menos real experiencialmente. Resultaba liberador darme cuenta que ¡yo no sabía! Sin fingir. Sin hacer proselitismo. Sin actuación. ¡Yo no sabía! ¡Pero yo estaba vivo!

Comencé a sentir, a decidir, a hacer. Mi filosofía y mi experiencia de vida comenzaron a converger.

* * * *

Las Estaciones de 1982. Regalé mis libros, cientos de ellos, y regresé al campo: 65 hectáreas en la ladera sur de la Montaña Buck, Nueva York. Una vieja pared de piedras (nadie podía recordar quién la había construido) rodeaba la propiedad. Cultivaba mis propios alimentos, aprendí carpintería y destrezas agrícolas, hacía trueques y leía *Jardinería Orgánica y Las Noticias de la Madre Tierra (The Mother Earth News)*. Caminaba con la nieve hasta la

Parte I: La Búsqueda

cintura para recoger leña. Cuando el deshielo de la primavera finalmente llegó, el barro era tan espeso que te quitaba las botas al caminar. Ayudé a una vaca de raza Jersey, de nombre Ángel Rayo de Estrella Soñadora, a parir su becerra a las 4:00 de la mañana, y luego, con el sol saliendo detrás de ellas, miré a la madre y a su hija, Ángel Estrella Bailadora, con las piernas tambaleantes, ir al estanque a beber, ¡Qué imagen!

La familia creció. Cerdos. Gallinas. Pavos reales. Patos. Gansos. Y dos pastores alemanes. La granja me enseñó que había una diferencia entre estar vivo, realmente vivo, y sencillamente vivir – una diferencia entre sentir y pensar.

Ahora los jóvenes discípulos venían a mí. Estaban seguros que yo sabía, porque yo decía que no sabía. Ellos tampoco sabían, pero lo que yo aceptaba como un hecho, ellos lo resistían. "Dinos qué creer, Harry." *¿Acaso han sido pronunciadas palabras más peligrosas?*

Pero siempre y cuando ayudaban con los quehaceres, eran bienvenidos. Cuando pensaban demasiado, les instruía en cómo crear la quietud: "Cierra tus ojos. Suéltate. Busca algo en tu mente que no sea un pensamiento. Concéntrate en el espacio entre los pensamientos." Finalmente, para aquellos que estaban dispuestos a practicar, sus cielos mentales se despejaron.

Capítulo 2: Incubación

Las lecciones eran sencillas: no internalices; absórbete en lo que estás haciendo. Corta leña, carga agua. Era el zen campestre. El zen celebraba el hecho de que no sabías. La mente estaba desocupada, lo cual, por supuesto, dejaba la experiencia de vida. Cortar más leña. Cargar más agua. No dejes que el corazón deambule. ¿Sabes cuán aburrido puede volverse el zen?

Volví a encender mi mente y comencé a explorarla. Quizá mi mente encontraría algo útil que hacer ya que el estanque se estaba llenando de agua muy bien, y tenía suficiente leña amontonada y secándose como para mantenerme durante la próxima edad de hielo.

Comencé a orientar a personas con problemas y aprendí a observar y a escuchar atentamente. Empezaron a surgir patrones mentales. Poco a poco desarrollé una técnica. Era como el hilo que la compañía Purina cosía a lo largo de la parte superior de sus bolsas de alimentos para animales. Si se jalaba perfectamente, el hilo se desenredaba, pero si se jalaba incorrectamente, se anudaba de tal manera que tenías que cortar la bolsa para abrirla.

Cuando la técnica funcionaba, se desenredaba y se abría a un profundo concepto: **yo creo mis experiencias de acuerdo a lo que yo creo.** ¡Qué noción tan peculiar! Hasta ahora parecía que todo el mundo había sólo supuesto que las personas creaban sus creencias de acuerdo con lo que habían experimentado. *¿Qué tal si era lo contrario?*

Así es cómo podría funcionar. Imagina un plasma universal de posibilidad total formado y filtrado por tus creencias, cada creencia actuando como un filtro sintonizado en un receptor de radio, dejando pasar solamente una cierta frecuencia de circunstancia y evento. Y tal como un

---

Prueba este pequeño ejercicio de filtrar. Dite a ti mismo, "Estoy muy triste." Imagínatelo si es necesario. Piensa en los eventos del año pasado y observa en qué se enfoca tu atención. Da un paseo y mira a tu alrededor. Nota lo que sobresale.

Ahora dite a ti mismo, "Estoy feliz." De nuevo, imagínatelo si es necesario. Piensa en los eventos del año pasado y observa en qué se enfoca tu atención. Da otro paseo y mira a tu alrededor. Nota lo que sobresale.

sintonizador de radio, la creencia tiende a filtrar excluyendo cualquier cosa por encima o por debajo de su rango de frecuencia. Lo que tú crees te establece para enfocarte en los elementos que se mueven desde toda posibilidad hacia el primer plano de tu experiencia.

Por ejemplo, si crees que caminar en el parque de noche es peligroso, tiendes a interpretar tus percepciones de acuerdo a esa creencia. El susurro de las hojas se convierte en las pisadas de un asaltante. Las sombras esconden peligros inimaginables. Se te acelera el corazón y experimentas el parque como un lugar peligroso. Tu expectativa de sufrir un daño puede incluso ser lo suficientemente fuerte para motivar a alguien sugestionable a hacerte daño.

¿Alguna vez haz escuchado a alguien decir: "No sé por qué lo hice?" ¿Y qué tal si tus creencias crearon circunstancias que ocasionaron sus acciones? ¿Es posible? ¿Alguna vez haz actuado espontáneamente de acuerdo a las expectativas de otra persona? *Trata de ofrecerle tu mano a alguien para que la estreche.*

Una vez que la creencia que filtra está instalada en tu conciencia, **tu experiencia te da la evidencia para sostener lo que crees**. Una profecía que se autocumple. Esto explica cómo dos personas con creencias contradictorias experimentan evidencia que sostiene lo correcto de sus propias creencias y lo incorrecto de las creencias del otro.

• • • •

Cuando la técnica parecía no funcionar, se enredaba como el hilo en la parte superior de la bolsa de alimentos para animales. ¿Y qué tal con los eventos fortuitos y con los actos divinos? ¿Y con las víctimas? ¿Y si lo que yo experimentaba no tenía ninguna relación con lo que yo creía?

¿Era posible que yo creaba una experiencia al creer en ella y luego olvidar que había creído en ella? Sí, supuse. ¿Yo siempre sabía lo que yo creía? Tal vez no. Yo sabía lo que yo decía que creía, pero ¿era eso lo que yo realmente creía? ¿Era lo que yo realmente creía la motivación para lo que yo decía creer?

Capítulo 2: Incubación

Antes de haberme pasado de la raya, sabía que tenía que averiguar exactamente lo que yo creía y qué efecto tenía sobre mi propia experiencia. ¿Cómo es que uno cree? ¿Dónde comienza? ¿Cómo funciona el creer? ¿Cuánto tiempo duran las creencias? ¿Importa lo que yo creo o en que momento lo creía? ¿Es que mis experiencias estaban moldeadas por **lo que** creía acerca de las creencias y/o **cómo** las creía?

Jugaba con un interesante pedazo de lógica acerca de la responsabilidad personal: **Yo experimento lo que yo creo, a menos que yo crea que no, en cuyo caso no lo experimento. Lo cual significa que ¡experimenté lo que yo creo!**

Estudiantes del Curso Profesional Avatar
Alemania – agosto de 2011

Parte I: La Búsqueda

Capítulo Tres
Sumergiendo en el Tanque

Un día mi esposa Avra llegó a casa y encontró que yo había reemplazado la mesa de cerezo en su comedor por un tanque de privación sensorial de 700 kilos.

"¿Dónde está la...? ¿Qué es eso, un ataúd?" El tono de su voz hizo que los perros pastor alemán echaran sus orejas hacia atrás.

"¡Un tanque de privación sensorial!" dije orgullosamente. Le mostré la escotilla y comencé a explicarle. Yo había leído acerca de los tanques de privación sensorial y pensé: *¡Qué herramienta tan fabulosa para explorar las creencias!*

El tanque era una cámara de espuma de poliestireno endurecida de unos 2,5 metros de largo por 1,20 metros cuadrados. Contenía una solución de agua con 350 kilos de sales de Epsom disueltas en ella. El agua está tan saturada con sal que tu cuerpo flota sin esfuerzo. Pierdes cualquier sentido de la gravedad. La temperatura se sube a la misma temperatura de tu piel, alrededor de 34 grados centígrados, de manera que no hay sensación de frío ni de calor. Es neutra. El tanque es tan oscuro que no puedes saber si tus ojos están abiertos o cerrados. El tanque también está insonorizado.

Cuando estás en el tanque, flotas sin peso; no hay ningún sentido del tacto, ningún sentido del oído, ninguna percepción. Tú estás sólo allí, conciencia, privado de estímulos externos o de la sensación del momento presente.

"¿Tú te vas a meter ahí?" preguntó.

"Sí." Le dije sonriendo alegremente.

"¿Y cerrar la puerta?" Ella y los dos pastores alemanes se asomaron por la escotilla y vieron el agua remolinando que estaba tratando de disolver una pequeña montaña de sal de Epsom.

"Sí. Tan pronto como esté listo."

"¿Por cuánto tiempo?" Preguntó mirando melancólicamente hacia su mesa de comedor desmantelada en el rincón.

"No sé todavía." Y luego pensé añadir, "Probablemente no mucho tiempo."

Sacudió su cabeza del mismo modo que cuando traje a casa la primera vaca lechera. "O-o-key, Harry. Espero que no te ahogues." *No en su comedor*.

• • • •

Durante las próximas ocho semanas, pasé la mayoría de mi tiempo en el tanque. La única evidencia de mi existencia eran los rastros secos de sal de Epsom, que conducían al refrigerador y al baño. *Rastros alegres*.

Una de las primeras cosas que se hace evidente durante la privación sensorial es que la mente está más que dispuesta a compensar por cualquier falta de información sensorial. La información sensorial de hecho mantiene a la mente algo enfocada y bajo control, es como envolver en sábanas mojadas a alguien que está severamente alterado.

Cuando se priva la información sensorial del cuerpo, la mente compensa y se convierte en un circo de tres pistas con órganos de vapor, bandas de marcha de las escuelas secundarias y competencias de subastas. Es una experiencia caótica a través de la cual tienes que surgir de alguna manera, para alcanzar la quietud más allá de la mente.

• • • •

Capítulo 3: Sumergiendo en el Tanque

Floto en algún lugar en medio de la confusión, bastante seguro de que lo que sea que estoy haciendo está mal.

Así es como va:

¿Cómo puedo saber si estoy despierto o soñando? ¿Qué es real y qué es imaginación? ¿Debo meditar acerca de algo o sencillamente dejar que ocurra? ¿Qué se supone que debo hacer? Tal vez deba leer algunos libros acerca de sumergirse en estos tanques primero. No, eso no lo puedo hacer porque ya estoy dentro del tanque. ¿O acaso estoy en el tanque? ¿Dónde estoy? ¿Quién soy? ¿Estoy dentro o fuera del cuerpo? ¿Cuál cuerpo? Encontremos nosotros un lugar para comenzar. ¿Comenzar qué? ¿Quién es nosotros? No siento nada.

Cálmate, me digo a mí mismo. ¿Pero quién me dijo eso? ¿Acaso hay dos de mí? ¿Cuántos yo-mismos tengo? Uno suena como mi papá. ¿Qué está pasando? ¿Por qué estoy hablando conmigo mismo? ¿Por qué pregunté eso? ¿A quién se lo pregunté? Todavía estoy hablando conmigo mismo. ¿Acaso no sé lo que sé sin preguntármelo o decírmelo a mí mismo? Ves, me acabo de preguntar eso a mí mismo.

¡Esto es increíble! ¡Es como mi propia sesión privada de Thoughtstorm* (Torbellino de Pensamientos)! Pero yo soy el único que está aquí. ¿A quién le dije eso?

¡Locura instantánea! Un hombre se enloquece en un tanque.

¿Todavía estoy en el tanque?

Se me olvidó.

Sí, estoy flotando en un tanque. ¿Pero dónde?

No estoy flotando en un tanque. Estoy flotando en una mente. ¿Por qué me dije eso a mí mismo? ¿Por qué no simplemente lo sabía?

¿Por qué pregunté eso? ¿Qué está pasando aquí? ¿Cómo es posible que yo no supiese? Me rindo.

---

*Thoughtstorm (Torbellino de Pensamientos) es una marca registrada de Star's Edge, Inc. Se refiere a un procedimiento usado para crear pensamiento sinérgico en un grupo.

Parte I: La Búsqueda

Okey, cualquiera puede decir cualquier cosa que quiera.

¿Cualquier cosa?

Ninguna resistencia.

Hasta que nosotros encontremos una respuesta con la cual todos estemos de acuerdo.

¿Cuál es la pregunta?

¿Quién soy nosotros?

La conciencia vacía* más límite es igual a conciencia. La conciencia vacía sin límite es inexpresable. ¡Incluso describirlo como inexpresable es definir algo que es menos que la conciencia vacía sin límite!

Días después, las sutiles percepciones que existen más allá de la mente pensante comenzaron a encenderse. Era como una sala con una banda de rock and roll tocando a todo volumen y en un rincón había música clásica sonando en un radio portátil con el volumen muy bajo. No tenías ni idea de que la música clásica ni siquiera existía hasta que la banda tomó un descanso. Eso es lo que pasó. ¡La Banda del Ritmo Mental se agotó y tomó un descanso!

Comencé a despertarme como quién yo soy. No saberlo, sino experimentarlo. ¡Qué sorpresa! Era esa vieja desapegada parte yo-superior de mí que observa de una manera interesada sin juzgar. *"¿Cómo has estado?"* me pregunté a mí mismo. Como siempre la respuesta fue, *"Bien"*. Después de integrar este nuevo punto de vista, comencé a explorar las sutiles imágenes de fondo que rodean la mente

Las creaciones flotan en la inexpresable conciencia vacía.

* en inglés: awareness

Capítulo 3: Sumergiendo en el Tanque

pensante: experiencias resistidas, concepciones, nacimientos, traumas, muertes. El registro completo de la existencia de quién yo creía ser flotaba como una burbuja en un mar de inexpresable conciencia vacía. En otro nivel de ser, **yo soy** el mar de inexpresable conciencia vacía.

Yo observaba la ilusión de la sustancia y la separación desplegarse. Vidas tras vidas. Vidas dentro de vidas. Vidas paralelas compartiendo lecciones. Y la inexpresable conciencia vacía, la-siempre-presente, observaba silenciosamente desde su ausencia de espacio.

Las creaciones flotaban como burbujas, cada una conteniendo y definiendo una medida separada de conciencia vacía – ¡'yo' seminales! Las burbujas colapsaban y se fundían unas con otras hasta que desaparecían o hasta que alcanzaban esa extraordinaria cantidad umbral de la conciencia que dejó escapar, "**yo soy**." El grito de la conciencia al nacer.

Fue aquí donde las lecciones de Avatar se desplegaron, observando a la conciencia definirse a sí misma del vacío, subiendo y menguando en ese mar sin espacio de inexpresable conciencia vacía.

Desde este punto de vista una forma de pensamiento puede ser percibida o apercibida (significando percibir sin utilizar los órganos sensoriales). **¡Es algo!**

Esta era otra idea revolucionaria. ¿Sabes cuánto tiempo la gente ha estado estudiando la conciencia asumiendo que no estaba hecha de nada, en vez de que estaba hecha **a partir de** la nada? Algo a partir de la nada – creación primordial.

CONSCIENTE:
Atento; vigilante;
conocedor

VOLUNTAD:
El poder para decidir; para dirigir; para decretar

Siente cómo se siente sólo ser... sin esfuerzo...
VOLUNTAD CONSCIENTE.

* * * *

Hay varios niveles de la actividad consciente – diferentes concentraciones de las definiciones (cosas de la mente) y de la indefinida conciencia vacía. Por ejemplo, puedo crear una imagen mental de un árbol – ese es un nivel de actividad consciente. Puedo crear el hacer algo con esa imagen mental – esa decisión es otro nivel de actividad consciente. Luego puedo llevar a cabo mi decisión de modificar la imagen del árbol y monitorear o corregir lo que decidí hacer. Ese es aún otro nivel de actividad consciente.

A medida que el punto de vista cambia, el carácter de lo que es apercibido cambia. El tiempo sirve como buen

Parte I: La Búsqueda

ejemplo de esto. Desde un nivel de conciencia el tema del tiempo aparece de este modo: estoy en el momento presente; hay un pasado y hay un futuro.

Moviendo hacia otro nivel, y un punto de vista diferente, sólo hay el momento presente, y en este momento presente yo creo una idea llamada *pasado*, una idea llamada *tiempo presente* y una idea llamada *futuro*. En vez de ser un instante en el tiempo entre un *pasado* y un *futuro*, *ahora* se convierte en el *AHORA* atemporal que contiene estas ideas acerca del tiempo. Desde este nivel el pasado no existe ni me influye a menos que yo elija, o sienta la necesidad de, crearlo.

Sube otro nivel, a un punto de vista trascendente, y el concepto del tiempo desaparece por completo. Todo lo que es, fue o alguna vez será se funde en un rastro singular sin movimiento dentro de la infinita conciencia vacía. El tiempo viene a ser una herramienta, la secuencia en la cual se contemplan las cosas. Desde aquí, la indefinida conciencia vacía puede contemplar todo el tejido del espacio-tiempo lineal de la existencia simplemente como una creación: **posibilidades sin dimensión esperando al toque de la conciencia vacía para desplegarse.**

Tratamientos contra Volverte Mental: Para cualquier pregunta que comience con "por qué", la respuesta es "porque sí"; para cualquier pregunta que comience con "puedo", la respuesta es "sí".

* * * *

Tuve una toma de conciencia: La verdad es relativa al punto de vista desde el cual es percibida. Desde **cómo** miro y desde **dónde** miro determinan mi percepción de la verdad.

Yo experimenté una profunda compasión cuando comprendí que todo el mundo, desde su punto de vista, está viendo la verdad. Creo que esta es una comprensión clave para crear una civilización armoniosa.

En vez de preguntar si algo es cierto o no, podrías preguntar: **¿Desde qué punto de vista o desde qué definición de conciencia es cierta la declaración? ¿Desde qué punto de vista o desde qué definición de conciencia es falsa la declaración?**

¡La relatividad está cerca de la verdad absoluta! Si Albert Einstein hubiese tenido un tanque, tal vez hubiera comprendido esto más pronto.

Capítulo Cuatro
Todavía Estoy Flotando

Todavía flotando, le pregunté a mis yo-burbujas:

¿Las piedras y las ideas son diferentes concentraciones y diferentes frecuencias de las mismas cosas? ¿Qué cosas? ¿Cuáles son las opciones? Saber y no-saber ¿Conciencia? La inexpresable conciencia vacía moldeada por la definición en campos de familiaridad. ¿Es realidad realmente familiaridad? ¿Es el proceso de examinar realmente uno de crear?

Quítale la definición a las cosas y ¿qué tienes? ¿Plasma universal? Cosas sin definición. Cosas sin bordes. Adimensional, atemporal conciencia vacía y sin objeto ni contenido. ¡El mundo y la conciencia están hechos de la misma conciencia vacía que subyace a ambos!

Las suposiciones preparan el escenario. Y el total de todas las suposiciones...¿y qué tal la roca? ¿Es solo una suposición muy sólida? ¿Es posible que "roca" e "idea de la roca" solo están describiendo diferentes concentraciones de suposiciones? Estratos de rocas. Densidades. La precipitación de suposiciones. El universo precipitándose bajo la intención deliberada de una voluntad consciente.

¿Y la mente? ¿La conciencia? Paquetes de conciencia vacía separados por la autodefinición.

La mente nos permite enfocarnos en el universo físico. En un estrato (en una burbuja) todas las suposiciones son igual a la mente, pero en el siguiente estrato hacia arriba (la siguiente burbuja hacia afuera), todas las mentes son suposiciones. Suposiciones que piensan.

¡Círculos concéntricos! Namasté, Swami. Comienzo a entender.

Las suposiciones se anidan dentro de suposiciones como vasos dentro de vasos. Pequeñas burbujas dentro de burbujas más grandes. Átomos en las moléculas. Moléculas en los compuestos, y así sucesivamente... definiciones en un campo unificado de material inexpresable... **lo cual está consciente.**

Parte I: La Búsqueda

Mientras que nadie me pida que explique nada, lo sé todo. Estoy saliendo de puntillas del teatro donde el universo está actuando.

Pequeños teatros dentro de teatros, de toda una vida. Representando extractos de pensamientos de la historia de mi vida. No hay necesidad de vestirse para el teatro. Yo escribo el guión. Yo soy la estrella. Yo soy el villano. Yo soy el escenario.

En algún nivel, secretamente represento también a la audiencia. ¡La vida verdaderamente es una ilusión extraordinaria!

¿Es que yo vine creado con una mente? ¿Qué yo hago? Yo deseo. Yo resisto. ¿Acaso la mente es solo grabaciones y distorsiones de lo que he deseado y resistido? ¿Suposiciones que definen, preservan y recrean la experiencia? Suposiciones puestas en automático. Suposiciones por defecto. ¿Dónde comienzan las suposiciones?

Ocasionalmente una gota de condensación caía desde el techo del tanque y hacía un espantosamente ruidoso... ¡cata-plum!...en cámara lenta.

Las decisiones arbitrarias determinan los deseos y las resistencias. Son los motivos que dirigen a la vida cuando yo no estoy presente ni suficientemente tolerante para tomar una decisión arbitraria. Deseos y resistencias invitan a la creación de suposiciones. Esto es bueno. Esto es malo. Las suposiciones se vuelven creencias. Los pensamientos surgen de las creencias. Las creencias son vainas de las semillas de los pensamientos. Las creencias maduran y, cuando se les perturba, sueltan pensamientos, definiéndolos en burbujas de conciencia yendo a la deriva en la conciencia vacía hasta que se disuelvan.

...¡Cata-plum!

¡Yo soy una creencia que cree! Yo soy... UNA CREACIÓN DENTRO DEL CREADOR, UN CREADOR DENTRO DE LA CREACIÓN. Yo soy un puente entre la conciencia vacía y creación. ¡El círculo del medio! ¡El que el swami me hizo dibujar! Yo envuelvo a la conciencia vacía en la definición y luego me la pongo como si fuese un traje. La conciencia

Capítulo 4: Todavía Estoy Flotando

vacía en perfecta conservación, acomodándose en su yo inexpresable. Ritmo. Aliento. Vida. ¡La mente piensa, el trasfondo decide! Muévete al trasfondo, vive deliberadamente.

Algo cayó desde la nada. Una gota de la casi-verdad, cristalina, destellando, girando. Era simple; era profunda. La vida es una danza de conciencia.

...¡Cata-plum!

¡Yo Soy! El grito del nacimiento de la conciencia. La conciencia vacía definida. Yo Soy. Existiendo en el centro del ser. Existiendo en el comienzo del tiempo y espacio. Yo No Soy. La muerte de la conciencia. La conciencia vacía liberada de la definición. Yo No Soy. Existiendo más allá de los bordes del yo definido. Vida y muerte, un simple movimiento, un estado fluctuante, dentro del origen de todo.

Yo Soy es un puente entre la conciencia vacía y creación.

Parte I: La Búsqueda

Capítulo Cinco
Notas desde el Tanque

Durante el período en el que estuve flotando, mantuve una vieja máquina de escribir sobre el tanque y de vez en cuando me levantaba a través de la escotilla y mecanografiaba alguna casi-verdad que no quería olvidar.

Hay una diferencia entre saber intelectualmente y experimentar. El intelecto es un producto de la conciencia y no puede saber más allá de los límites que la conciencia asume. Para ir más allá de los límites del intelecto, uno debe experimentar de primera mano sin evaluación. La comprensión intelectual es un rompecabezas terminado, ilustrando alguna experiencia en palabras.

Experimentar es estar presente, sin definición, expectativa ni juicio, con las percepciones de uno.

* * * *

El ciclo del génesis es imaginación, intención, creación, percepción, experiencia...una y otra vez. Todo lo cual está sucediendo sobre un consciente y compasivo trasfondo sin espacio—el yo superior desapegado, ¡pura conciencia vacía!

* * * *

Hay métodos con los cuales uno puede moverse fluidamente de una definición de la conciencia a otra. ¡Uno puede cambiar!

El nivel de idea de COMO miras determina el nivel de idea a QUE miras.

Si quieres, puedes ir deshaciendo cualquier cosa en partículas cada vez más finas, mientras al mismo tiempo te encoges con tu percepción. O puedes expandirte y comenzar a mirar cosas cada vez más grandes. El cero y el infinito. El alfa y el omega. Los círculos internos y externos.

• • • •

La conciencia vacía se define a sí misma para crear la conciencia. El involucrarse en y analizar el contenido de la conciencia es el proceso conocido como intentar llegar a comprenderlo. Siempre se reduce a decir que esa burbuja significa esto, cuando se mira desde esta burbuja. La relatividad.

La conciencia vacía espera en el trasfondo, totalmente compasiva, observando apreciadamente.

• • • •

La atención hace que una creación sea más sólida y la atrae hacia la vida de uno.

Los juicios que se asignan a una creación causan que sea o deseada o resistida o ignorada.

O el resistir o el desear resulta en la atracción de la creación que es el sujeto de la atención de uno.

La gravedad y la atención probablemente son diferentes modalidades de la misma fuerza.

La habilidad de reubicar la conciencia es la máxima forma de viajes espaciales.

• • • •

Es posible volver al origen no dimensional e intemporal de una creación. Una vez allí, es posible dejar de crear una creación relajándose hacia un estado sin esfuerzo (descrear).

• • • •

Capítulo 5: Notas desde el Tanque

La diferencia entre la conciencia vacía y conciencia es que conciencia tiene contenido, extensión en el tiempo y el espacio, y forma. La conciencia es un universo material menos sólido. Y de manera similar al crecimiento y deterioro del universo material—pero por un patrón diferente—la conciencia está sujeta a expansión y contracción, de acuerdo a su alineación con las fuerzas cósmicas. ¡El antiguo Tao!

Entre la normal conciencia despierta y el trasfondo inexpresable de la conciencia vacía sin definición, están los anillos limitantes de las creaciones deseadas y resistidas. Con las herramientas apropiadas, un ser puede aprender a navegar estos anillos y llegar al omnisciente y compasivo trasfondo, desde el cual el final y total contenido y forma de la conciencia es apercibida. Esto es la iluminación.

* * * *

Todas las ideas que tenemos acerca de nosotros mismos son FINALMENTE falsas. Cualquier definición afirmada o resistida – llámese yo, identidad, mí mismo – ¡no es quien somos! ¡Es un producto de quien somos! Es la burbuja dentro del cual hemos creado operar. Es la definición que nos ponemos y determina nuestra experiencia de las otras burbujas. El ego es el esfuerzo por proteger a la burbuja.

Un yo es una idea de la cual la conciencia vacía temporalmente se vale con el propósito de experimentar ciertas otras ideas. El yo es un medio para participar en un paradigma. Es posible modificar al yo o incluso ir más allá del yo por completo.

* * * *

De los Vedas: "Lo que está adentro de nosotros también está afuera. Lo que está afuera de nosotros también está adentro. Aquel que ve la diferencia entre lo que está adentro y lo que está afuera va por siempre de muerte en muerte."
De Avatar: "Muévete hacia el trasfondo, vive deliberadamente."

* * * *

Escala de Palmer
 Origen Inexpresable
 Conciencia Vacía (Luz)
 Definición (Decisión Arbitraria)
 Creación/Descreación
 Conciencia
 Existencia (Ahora)
 Espacio (Punto de Vista)
 Observación
 Atención
 Tiempo (Duración)
 Juzgar (Etiquetando)
 Emoción (Respuesta)
 Pensar (Resistencia)
 Indiferencia (Ignorar)
 Identidad
 Olvido (Desconocidos)
 Circunstancia Fortuita
 Elementos (Materia)
 Deterioro (Colapso)
 Realidades Alternas
 Origen Inexpresable
 Etcétera

* * * *

El tamaño de la burbuja está determinado por la responsabilidad que asumes, y este tamaño determina si algo está dentro o fuera de ti. Las definiciones o se integran y se expanden o se vuelven reservadas y se contraen.

Si asumes un nivel de ser muy pequeño, infinitamente pequeño, entonces todo parece estar fuera de ti. Eso es estar separado al máximo de la conciencia vacía. ¡Te has convertido en una partícula física!

Por otro lado, si asumes un nivel de ser y de amplitud que es lo suficientemente expansivo como para contener al universo, entonces el universo está dentro de ti.

* * * *

En una ráfaga de luz abrí empujando la compuerta del tanque por última vez. Mi piel se parecía a ciruelas pasas. La búsqueda había concluido con éxito. La última pregunta. El final de la línea. ¡La gran respuesta! ¡Las pinceladas sobre lo desconocido eran mías!

Mecí el tanque cuando me salí de él. La condensación en el techo del tanque cayó en una lluvia de gotitas. ¡Cientos de cata-plumes! Cada uno envió tres ondas a través de la superficie donde yo había estado flotando. Ondas que se entremezclaron en un reflejo holográfico del mundo. Era un mensaje.

Sí, Swami, estoy en deuda contigo. Antes de acompañarte, en tu forma sin edad, marcaré un sendero a otros.

El milagro no es que haya vida dentro del universo; el milagro es que hay un universo dentro de la vida.

La verdad está camuflada por su simplicidad.

Parte I: La Búsqueda

Capítulo Seis
El Éxtasis

Septiembre de 1986. Drené y desmantelé el tanque de privación sensorial. En muchos sentidos fue una herramienta útil, pero ahora me di cuenta que era innecesario permanecer más tiempo en el tanque. Vi claramente que habían maneras más fáciles de lograr llegar al anhelado terreno elevado de la conciencia vacía desde el cual cualquier existencia es una profunda experiencia deliberada. Si alguien me hubiese dicho, *Estás fuera de tu mente*, yo le hubiese podido contestar, *Eso es cierto*.

¿Qué hay entre nosotros? ¡Solo nuestras creaciones!

Ahora veía a la mente como una herramienta universal que podía ser ajustada, alineada y cambiada. Ya no era una prisión ni una trampa. ¡Yo estaba, deliciosamente, despierto y consciente en el vacío!

¿Cómo me sentía? Como yo decidía sentirme.

Yo podía determinar, tan fácilmente como podía cambiar mi atención de un sonido a otro o de una vista a otra, la forma y el contenido de la conciencia según la cual yo me definía. Podía experimentar cualquier estado de existencia que pudiera imaginarme, cualquier estado que deseara crear. Así que, naturalmente, escogí estar eufórico. Y cuando lo creé, todo el universo me devolvió el reflejo de mis expectativas. Yo hice la coreografía de una sinfonía de éxtasis espiritual. Miraba desde mis ojos, pero veía desde un corazón más allá de los bordes del espacio. Lo que sucedía y lo que yo era, eran uno y lo mismo.

Me retiré hacia los bosques de la Montaña Buck para explorar esta nueva existencia y para disfrutar de un otoño glorioso. Yo tenía el premio tan largamente buscado, el extraordinario momento evasivo de la conciencia creada deliberadamente. Yo estaba en cualquier lugar y tiempo que yo creara. A la vista estaba la expresión siempre cambiante de la conciencia universal. Veía el final del sendero que toda práctica espiritual, en su momento más puro de concepción, ha intentado brindarle a la humanidad. Veía las posibilidades y las trampas, los salones de espejos en los cuales pueden convertirse las palabras. Veía cómo la necedad justificada podía transformar incluso al sendero más noble en un camino trillado por los ejércitos "civilizados".

Yo sabía la más simple de las verdades: Yo soy porque yo digo que yo soy. Sabía que la verdad no es lo que yo creo ni lo que nadie más crea, sino que la verdad es que nosotros la creamos. Comprendí que la conciencia en todas las cosas vivas está individualizada solo por **lo que** crean, no por el hecho **de que** crean. Bajo la definición, bajo la ilusión de la diferencia, yo sentía un yo universal, y aunque todavía estaba medio dormido, estaba unificado y completo. Más allá de los teatros de los sueños de la conciencia, más allá de las creaciones de tiempo, espacio, forma y evento, experimenté una compasión total y un amor incondicional por la vida. Podía quedarme o regresar. ¡La elección del bodhisattva!

Yo no estaba en el mundo ni era del mundo, pero dentro de lo que era posible flotaba una pequeña burbuja. Ella contenía el universo.

Observé las hojas de los fresnos de montaña bailar luminosas y soplar anaranjado y amarillo al viento. Galaxias flotaban en el universo. Un reluciente velo de creación. Una antigua orquestación de la creencia. Había unidad, y dentro de esa unidad había un observar y un movimiento en espiral de hojas anaranjadas y amarillas. No había separación entre el observar y el movimiento en espiral.

Y yo sonreía mucho. Él, quien vivía en la burbuja, sonreía mucho.

Cuando adoptas el punto de vista que no hay nada que exista que no sea parte de ti, que no hay nadie que exista que no sea parte de ti, que cualquier juicio que hagas es un juicio a ti mismo, que cualquier crítica que emitas es una crítica a ti mismo, sabiamente te extenderás a ti mismo un amor incondicional que será la luz de tu mundo.

—*Harry Palmer*

Capítulo Siete
Los Primeros Avatares

Noviembre de 1986. Habían nueve personas en el primer grupo de prueba. Incluían a mi esposa y su equipo en el Creative Learning Center (Centro de Aprendizaje Creativo). La mayoría de ellos habían entregado y recibido muchas horas de psicoterapia de tipo regresivo (Dianética) – reviviendo traumas, liberando dolor, resurgiendo emoción, etc.

La mayoría de sus clientes estaban agradecidos y habían experimentado una disminución de las tensiones de la vida. Así que eran comprensiblemente escépticos acerca de mis nuevos procesos Avatar.

"¿De dónde sacaste ese nombre, Harry?"

"Ha estado por allí," le contesté.

"¿No tienes miedo de que ofenderá a la gente?"

"No lo creo," dije. *Solo a los intolerantes,* pensé.

Tomamos café juntos y les informé brevemente acerca de mi trabajo. Descubrí que ya estaban pensando un poco en términos de que "la creencia precede a la experiencia". Había alguna resistencia a mi información, pero también estaban conscientes de que algo transformador me había pasado. Se notaba en sus reacciones. Mi presencia tenía un efecto eufórico en ellos que yo no estaba tratando de crear intencionalmente. Había un relajamiento de las opiniones fijas que se transformó gradualmente en curiosidad genuina.

"Okey, Harry, si tu proceso me hace sentir tan bien como tú te ves, estoy lista."

Mi esposa se ofreció como primera voluntaria. Subimos a su oficina y le expliqué que antes de comenzar los procesos, quería que hiciera algunos ejercicios preliminares. Le pedí que pusiera etiquetas imaginarias a las cosas.

"Etiqueta eso," le dije, señalando un pomo.

"Pomo", ella entró en el juego.

"Etiqueta eso."

"Teléfono."

"Etiqueta eso."

"Pared."

Me di cuenta de que en general ella estaba permitiendo que los objetos hacia los cuales yo señalaba sugirieran sus propias etiquetas. La máquina de escribir se etiquetó "máquina de escribir". El escritorio se etiquetó "escritorio".

Continué. En pocos minutos ella se dio cuenta de que estaba reconociendo cosas en vez de etiquetarlas.

"¿Hay una diferencia?" quiso saber.

"¿Tú qué crees?" contesté en mi óptima identidad de terapeuta.

"Sí, la hay. Etiquetar parece más – no sé."

"¿Origen?"

"¡Sí, eso es. Origen!"

Ahora etiquetó al teléfono "papa", al estante de libros "ítem 67" y a un florero "creación número 5". Comentó que los objetos ahora eran más objetos que palabras. La habitación se iluminó.

Cuando se sintió cómoda con ese paso, continué con otro ejercicio preliminar, pidiéndole que sintiera la separación entre ella misma y las cosas que estaba etiquetando.

"Etiqueta eso."

"Silla."

"Bueno, ¿puedes sentir la separación entre tú y la silla?"

"Yo soy yo y aquello es aquello." Observé cómo se acomodaba y comenzaba a disfrutar del juego.

"Etiqueta eso."

"Libro."

"Bueno, ¿puedes sentir la separación entre tú y el libro?"

"¡Ajá!"

Y luego expandí el procedimiento, todavía en ese primer paso. "¿Tienes algunas ideas acerca de ti misma que no te gustan?"

"Pues, supongo, en cierto modo." Se sintió incómoda, preparándose para la invasión de privacidad que normalmente sigue a tales preguntas.

"No me cuentes," le dije, "sólo elige una y piensa en ella."

Ella pensó por un momento y luego dijo, "Okey, ya tengo una."

"Etiquétala desde origen."

"Okey."

Capítulo 7: Los Primeros Avatares

"Bueno, ¿puedes sentir la separación entre tú y la idea?"

Ella murmuró un sorprendido, "Mm-m. ¡Yo soy yo y aquello es aquello! ¿Eso es cierto, verdad? "

Hicimos unas cuantas ideas más, incluyendo su propio nombre como una etiqueta.

"¿Cómo te sientes?"

"Consciente. Eso es. No me siento como si tuviera que hacer nada."

Continué con el proceso y le pregunté, "Tienes algún sentido del tiempo?"

"Seguro, está pasando."

"Etiquétala desde origen."

"¡Tiempo!"

"Bien, ¿puedes sentir la separación entre tú misma y tu sentido del tiempo?"

Su cuerpo se sacudió, y comenzó a respirar hondamente. Poco a poco una amplia sonrisa se formó en su rostro. "¿Este es un ejercicio preliminar?"

La seguí llevando a través de los 15 pasos de la iniciación y a los procedimientos confidenciales. Sólo llevó un poco más de una hora.

La dejé sentada en la oficina sonriendo y examinando un rayo de luz solar en su mano en movimiento. Estaba relajada y sus ojos estaban húmedos. Me sorprendió cuán extraordinariamente bella era.

Cada una de las tres sesiones siguientes terminó en lágrimas de júbilo.

En la tarde comencé el mismo procedimiento con la quinta voluntaria. La sesión avanzó con suavidad al principio y luego chocó contra un viejo obstáculo. La persona describió una condición persistente que había estado tratando de manejar en terapia desde hace diez años. Yo escuché, mientras la decepción y el fracaso ahogaban su voz.

Ella está metida en medio de una creación.

Me dijo que estaría bien si simplemente lo ignorábamos y manejábamos algunos asuntos menores. Ella no quería arruinar mi proceso Avatar con su caso. "No," le dije. Eso era exactamente lo que yo estaba buscando. "Vamos a explorar la condición persistente juntos y quizá logremos una pequeña mejoría."

Ella no tiene ninguna posibilidad de salir de esta sesión con esa creación. Es reconfortante tener las herramientas para ayudar a alguien.

Desmontamos su vieja creación paso a paso. Ella estaba asombrada de no tener que escabullirse en horas de trauma primordial para localizar la causa de la condición. "Está aquí mismo, ¿no? ¡Yo la estoy creando!" Estaba asombrada de lo que le ocurrió cuando se separó de la experiencia resistida. "¡Literalmente puedo sentirme cambiar! ¡Es un proceso fantástico!"

Esa sesión terminó con la condición física completamente resuelta. Su rostro había cambiado y ni siquiera se veía como la misma persona. Ella estaba hermosa. Me abrazó.

"¿Qué hemos estado haciendo todos estos años con la terapia? ¡Harry, este es un verdadero descubrimiento importante! Me siento como si acabara de salir de la época oscura de mi propia conciencia. Es difícil de creer lo rápido que funciona."

Después de siete horas más, todos los nueve voluntarios habían pasado por los procedimientos y estaban riéndose juntos en la sala. Había sido un día extraordinario. Uno de ellos bebía sorbitos de una taza de té y ¡los otros descubrieron que podían experimentar el sabor del té!

Con sus identidades individuales relajadas, intuitivamente operaban como un equipo. No había ningún indicio de algún egoísmo divisivo. Ningún conflicto. Unos completaban las frases de otros sin que nadie se sintiera interrumpido u ofendido. Hicieron sándwiches en un espontáneo procedimiento de línea de ensamblaje que hubiera sorprendido incluso a Henry Ford. Cuando terminó, los cuchillos estaban lavados, todo estaba recogido, el mostrador limpio y los sándwiches estaban en la mesa. Era fabuloso observar la cooperación. *Después de que toda la basura mental se ha ido, las personas cooperan intuitivamente. ¡Qué herramienta para los negocios!*

Personas que no habían sido parte del grupo de prueba se acercaron espontáneamente. Experimentaban un sentido de cuidado especial por parte de los voluntarios. Apretones de mano se convirtieron en abrazos e incluso en abrazos repetidos deliberadamente. Había una camaradería familiar. *Como jeans viejos.*

Los estudiantes llegaban para las clases nocturnas, pero nunca pasaron más allá de la sala. Declaramos un día festivo. Las personas se sentaban en las escaleras y contra las paredes para escuchar mientras los nuevos **Avatares** compartían sus tomas de conciencia. Toda la atmósfera era eléctrica.

Capítulo 7: Los Primeros Avatares

"Cualquier cosa que piensas que eres en realidad es solo el reflejo de ti pensándolo."

"La ilusión es que eres o algo o nada. No eres ninguna de las dos."

"La conciencia no tiene que operar de acuerdo a la lógica de las leyes del universo físico."

"Los juicios son lo que causa que la experiencia sea dolorosa."

"Cuando permitas que otros pueden curarse a sí mismos espontáneamente, tú serás capaz de curarte a ti mismo espontáneamente."

"La idea de que hay alguna dura realidad a la cual tenemos que adaptarnos y acerca de la cual tenemos que ser realistas es solo otra forma de miedo."

"El lamentarse es una ruptura en la confianza que le tienes al yo superior. Dejas de confiar en que tu yo superior está creando la experiencia que necesita para su propia evolución."

Los estudiantes estaban fascinados e impacientes por hacer preguntas.

"¿Es necesario recordar tu pasado para cambiar tus creencias?" preguntó un estudiante.

"¡Solo si tú crees que es necesario!" dijo la mujer que había manejado su condición persistente. "El pasado es una idea creada en el presente para servir como una explicación por los juicios que hacemos."

"¿Esto me ayudará con la molestia que tengo con mi esposa?"

"Es **tu impresión** de tu esposa con la que estás molesto. Tu impresión no depende de tu esposa, sino de tus creencias. Puedes cambiarlas."

Las discusiones tuvieron un efecto transformador en los que no habían participado. Pronto no hubo necesidad de hacer preguntas. Todos los presentes sabían lo que iba a ser la respuesta: "¿Qué crees tú?"

¡La responsabilidad personal hecha fácil! Había una calma y un expansivo punto de vista compartido de la existencia. Todos los presentes sintieron que estaba ocurriendo un profundo cambio en la conciencia. Hubo más abrazos.

Una sensación de presencia espiritual estaba en el aire. Se sentía como si una inteligencia superior hubiese sido convocada. Un nuevo nivel. Un despertar. Un antiguo conjunto de engranajes comenzó a moverse y una ola de tomas de conciencia se lanzó hacia la conciencia colectiva. Lo que comenzó como una exploración de la mecánica de la conciencia individual había abierto puertas inesperadas. Una cantidad abrumadora de complejidad y confusión comenzó a disolverse hacia la simplicidad.

Ya era mucho más allá de la media noche cuando la reunión se dispersó. Se sentía como un momento histórico. Nadie olvidará el día de su iniciación Avatar.

Me sentía muy complacido conmigo mismo, pero el futuro seguía tirando de mí, recordándome que había un largo camino por recorrer. Y así era como se sentía el destino. De algún modo yo sabía intuitivamente que la semilla de Avatar crecería. Debe ser cultivada cuidadosamente. Yo estaba feliz por lo que había logrado, pero al mismo tiempo había un dejo de tristeza por la vida contemplativa que estaba dejando atrás.

No había ninguna duda ahora de que la humanidad era más que una tribu de simios inteligentes. Durante demasiado tiempo habíamos vivido bajo un manto de secretos en relación a nuestros inicios y nuestro propósito en el universo. Y ahora la verdad comenzaba a asomarse. Mientras apagaba las luces tuve una sensación de conexión: un sueño de **entonces** y una realidad de **ahora**, enlazados entre sí, conectándose a través de los milenios. Algo que había ido mal se había corregido a sí mismo. Se rompió un hechizo. Una corrección a medio curso. Una promesa se cumplió.

Parte II: Las Enseñanzas

El Preámbulo

Antes de que uno haya estudiado a la gente por mucho tiempo, se hace evidente que muchos han olvidado que ellos son los creadores más soberanos y omniscientes de sus propias vidas. Uno ve a las personas que, sin saberlo, crean sufrimiento para sí mismas y luego intentan explicar el sufrimiento eligiendo al universo como causa del mismo. Uno ve a las personas que han reducido su propio poder creativo a las airadas acusaciones de culpa o al mero susurrar de unas cuantas súplicas por misericordia ante el miedo y el dolor que llenan sus días.

Un hito en la investigación de los Materiales Avatar fue el desarrollo de una técnica que demostraba que el mundo que uno experimentaba estaba moldeado, en última instancia, por la conciencia de uno y no al revés. Como resultó, la técnica también comprobó ser una herramienta muy efectiva para remodelar tanto la conciencia como la experiencia.

Avatar cierra para siempre las cuentas vencidas de las terapias e ideologías del pasado y confirma las sospechas eternas acerca del potencial creativo del espíritu humano.

*Y ahora adopto el susurro conspirador de un amante,
porque lo mejor que soy te ama.*

*No has hecho ni puedes hacer ningún mal
que yo no comparta.*

Nada puede modificar mi amor por ti.

*Que en armonía los pensamientos expuestos aquí
te recuerden lo que siempre has sabido.*

*A los cánones del hombre esta sola línea es añadida:
La verdad es lo que tú estás creando que sea.*

*Mediante estas líneas se te presenta al Sendero Creativo.
Puedes darte la vuelta y abrazar los sistemas de
creencias de otros, pero habiéndolo oído una vez,
el susurro nunca te dejará.*

Parte II: Las Enseñanzas

Capítulo Ocho
La Historia de los Sistemas de Creencias

creencia *n*. (en inglés: **be.lief**) [*BE-* (estar alrededor de; borde; frontera; límite) + *-LIEF* (vida)] **1**. el estado de creer; convicción o aceptación de que ciertas cosas son ciertas o reales **2**. fe, especialmente fe religiosa **3**. confianza o seguridad (tengo la *creencia* de que él es hábil) **4**. cualquier cosa creída o aceptada como cierta; especialmente un credo, una doctrina o un principio **5**. una opinión; expectativa; un juicio (mi *creencia* es que él vendrá)

SINÓNIMOS: **creencia**, el término de aplicación más amplia en esta comparación, implica aceptación mental de algo como cierto, aunque una certeza absoluta puede estar ausente; **fe** implica aceptación incuestionable y completa de algo incluso en ausencia de pruebas y, especialmente, de algo no sustentado por la razón; **confianza** implica seguridad, a menudo aparentemente intuitiva, en la confiabilidad de alguien o algo; **seguridad** también sugiere tal confianza, especialmente cuando está basada en la razón o la evidencia; **credibilidad** sugiere una mera aceptación mental de algo que puede no tener ninguna base sólida en los hechos.

La historia de la civilización es la historia de las creencias originadas o adoptadas por individuos influyentes. Cada movimiento político, cada religión, cada filosofía tiene su inicio en la expresión confiada de una sola creencia.

Esta creencia inicial probablemente es expresada como un comentario espontáneo. Mientras más atención atraiga, con mayor frecuencia es repetida. *Mantente alejado del tigre o tratará de comerte.*

Cuando la creencia es repetida, se extiende y adquiere el estatus de conocimiento. Como conocimiento puede ser utilizada para sustentar creencias posteriores. *No es seguro en la selva. ¿Por qué? El tigre vive allí.*

Así los sistemas de creencias – cúmulos de conocimiento – surgen.

Parte II: Las Enseñanzas

Los sistemas de creencias parecen ser un proceso evolutivo natural, pero ¿surgen de una situación que necesita una solución o **crean** una situación que necesita una solución? ¿Es la selva peligrosa debido al tigre o debido a las creencias acerca de los tigres? ¿Las expectativas que se le imponen al tigre le comunican al tigre una sugerencia no verbal de cómo debería comportarse? ¿Hay entre las criaturas una comunicación entre bastidores que coreografía sus interacciones según alguna resolución de las expectativas creadas por sus creencias?

Nuestros perros pastores alemanes adaptan su comportamiento a las creencias que las personas tienen de ellos. Si alguien piensa que son tiernos y cariñosos, actúan de esa manera. Si alguien piensa que pueden ser peligrosos, ladran y actúan como si pudiesen ser peligrosos.

Desafortunadamente, antes de que la población general tuviera oportunidad de hacerse estas preguntas, alguien descubrió que los sistemas de creencias eran valiosos. Mientras pudiera hacerles sentir a las personas que tenían necesidad de ellos, se les podía comerciar a cambio de comida, refugio o seguridad. Cómo-Tratar-Con-Tigres (o algo análogo a los tigres, p.ej., serpientes, hambre, depresión, muerte, etc.) era un sistema de creencias valioso, mientras se pudiera confiar en que el tigre llenara su rol de depredador peligroso. *El adoptar políticas de disparar-sin-previo-aviso ayudaba a eliminar a los tigres mansos que no estaban cumpliendo con su rol.*

Con el tiempo ciertos individuos, familias, tribus y finalmente hasta organizaciones gubernamentales desarrollaron un fuerte interés personal por exaltar ciertos sistemas de creencias. En muchos casos el sistema de creencias se convirtió en la base de la supervivencia económica del grupo. La venta de sistemas de creencias (o el estatus social obtenido por el obsequio de sistemas de creencias) se convirtió en el propósito fundador de grandes organizaciones. Nacieron religiones proselitistas. Aparecieron impuestos exigidos a los no organizados por los organizados. La arquitectura, el arte y la ciencia evolucionaron al servicio de los creyentes fieles.

Para asegurarse que la organización propia sobreviviera y prosperara, era necesario mantener cuidadosamente administrado el balance entre "los tigres" y "las soluciones a los tigres". Las soluciones que eran demasiado efectivas requerían de la creación de problemas más desafiantes y por ello más lucrativos. Nuevas creencias que conllevaron enfermedades, hambre y enemigos humanos mortíferos, suplantaron el miedo al tigre.

Comenzaron las guerras. Cuando un grupo veía que el poder y la influencia que le otorgaba su sistema especial de creencias se erosionaba, debido a la introducción de sistemas de creencias competitivos, sus hombres jóvenes eran dolorosamente adoctrinados con las creencias del grupo y transformados en ejércitos. Cualquier estudio detallado de la historia

Capítulo 8: La Historia de los Sistemas de Creencias

revelará un conflicto inicial entre creencias (¡una discusión!) como el factor fundamental de los conflictos en este planeta.

Las guerras rara vez abordaban de quién eran las creencias que crearían las experiencias preferidas, sino que eran más bien una competencia para determinar de quién eran las creencias (como hijos) que sobrevivirían. Lo correcto de una creencia estaba determinado por la ferocidad de sus creyentes.

La ironía de la guerra fue que civilizaciones enteras peleaban por preservar sistemas de creencias que resultaban en la auto-opresión y generaban una mayor autodestrucción que las armas más mortíferas de sus enemigos. Apareció el fascismo.

Las creencias fueron entronizadas. La escolarización obligatoria adoctrinó enérgicamente a generaciones enteras con creencias. Las creencias crecieron en importancia hasta que fueron más valiosas que la vida. Cualquier miembro que no peleara ni se arriesgara a morir por la creencia de su grupo era considerado un cobarde.

No había nada más inhumano que la batalla luchada en nombre de la "verdadera creencia". No era posible dar tregua cuando la gente peleaba por una creencia sagrada. No mostraba ninguna piedad, ni se esperaba que la tuviese, el hombre que estaba convencido que el honor de su familia, el honor de su país y quizá hasta la salvación de su propia alma dependían de la destrucción de su enemigo que tenía "creencias erróneas". Mientras más sangre se derramaba imponiendo una creencia, más sagrada e infecciosa se volvía para las generaciones sucesivas.

Más de una vez, las creencias acerca de los países, acerca de Dios y acerca de las necesidades económicas han proporcionado las justificaciones para guerras mundiales que han dejado a las civilizaciones del victorioso, al igual que a las del vencido, en cenizas.

¿Por qué? ¿Hay en la mente humana algún rincón oscuro en el cual nadie se atreve a mirar? ¿Un lugar siniestro de creencias sagradas? ¿Un lugar donde nunca se debe permitir que entre la duda? ¿Alguna suposición esencial que nadie se atreve a decir?

"Yo debo saber la verdad."

* * * *

¿Entonces qué es la verdad? ¿Hay verdades incontrovertibles? Miremos más de cerca a los sistemas de creencias.

Parte II: Las Enseñanzas

*Estudiantes del Curso Wizard Avatar
Orlando, Florida — enero de 2009*

Capítulo Nueve
Clases de Sistemas de Creencias

SISTEMAS DE CREENCIAS TIPO UNO

Los sistemas de creencias Tipo Uno dependen de un atractivo emocional al miedo, lástima, desconfianza u odio. "Más te vale creer – o ya verás." La fidelidad hacia los sistemas de creencias Tipo Uno por lo general se mantiene mediante la introducción de alguna variante de las siguientes dos creencias:

> Es una falta de fe o de honor si dudas la veracidad de tu propio sistema de creencias.

> Si otro cuestiona tus creencias, se trata de un acto hostil motivado por la maldad.

Los sistemas de creencias Tipo Uno intencionalmente lisian las habilidades de los creyentes para observar, discernir o razonar. A los miembros que tienen dudas, se les requiere enmendar mediante actos autodestructivos de contrición o sacrificio.

Ejemplos de creencias Tipo Uno:
- *Tú no puedes confiar en _____*
- *Tú te vas a quemar en el infierno si tú no ___*
- *Tú has sido victimizado por _____*
- *Tú no eres origen porque _____ es origen.*
- *Tú no estás mirando a la verdad.*

Todos salvo los más dependientes emocionalmente al final desarrollan una falta de respuesta al miedo manipulador y atractivo emocional de los sistemas Tipo Uno. La mayoría se alejan, a menudo con vergüenza y remordimiento por su conducta previa y su propia ingenuidad.

SISTEMAS DE CREENCIAS TIPO DOS

Los sistemas de creencias Tipo Dos obtienen apoyo apelando a las necesidades e inseguridades de la gente. Son los remedios para el tigre o las soluciones de creencias acerca de las cuales hablamos antes. Aquí uno encuentra la lógica detrás de las costumbres sociales de un

Parte II: Las Enseñanzas

pueblo, el saber popular que pasa sin ser cuestionado, los amplios acuerdos colectivos sobre lo que es cierto. Los sistemas Tipo Dos a menudo contienen creencias estoicas acerca de la inevitabilidad del sufrimiento.

Ejemplos de creencias Tipo Dos:
- *A veces tienes que hacer cosas que no quieres hacer.*
- *Ciertas cosas sencillamente no son buenas para ti.*
- *Tú probablemente deberías ver a un doctor.*
- *A veces yo soy origen y a veces lo es Dios.*

Los sistemas Tipo Dos normalmente son transparentes (invisibles) para sus partidarios. Las creencias sobre las cuales reposan rara vez son cuestionadas. Los acuerdos entre los miembros constituyen una doctrina invisible, de naturaleza posiblemente telepática, que es experimentada como un hecho. Aquellos que sí cuestionan los acuerdos tienen mayores probabilidades de ser marginados por la sociedad o considerados locos, que de ser académicos u hostiles.

Es común, al menos en el siglo pasado, que los descendientes de aquellos que mantienen sistemas de creencias Tipo Dos manifiesten su independencia rebelándose contra las creencias del sentido común de sus padres. Desafortunadamente, esto a menudo los hace emocionalmente susceptibles a los fervorosos cultos que promueven los sistemas de creencias Tipo Uno.

SISTEMAS DE CREENCIAS TIPO TRES

Los sistemas de creencias Tipo Tres dependen de la evidencia factual. Los creyentes de los sistemas Tipo Tres generalmente se oponen a la noción de que están involucrados en un sistema de creencias y prefieren llamar a sus sistemas de creencias ciencias, tecnologías o cuerpos de hechos objetivos sólidos.

Ejemplos de creencias Tipo Tres:
- *Por cada acción hay una reacción igual y opuesta.*
- *Ver es creer.*
- *Todo es cuestión de relatividad.*
- *El conocimiento me permite ser origen.*

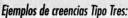

Los partidarios Tipo Tres frecuentemente son adictos a pensar y/o argumentar. Para tan siquiera considerar un punto de vista fuera de su paradigma particular, muchos de ellos necesitan de un medio ambiente en el cual se suspendan los juicios y se imponga una ardua disciplina para calmar los procesos mentales.

Capítulo 9: Clases de Sistemas de Creencias

Los más capaces partidarios Tipo Tres, quienes proporcionaban los modelos para los estudiantes que aspiran a escapar de las estructuras Tipo Uno y Tipo Dos, son extremadamente persuasivos y pueden citar muchos hechos para apoyar la verdad de sus sistemas de creencias "objetivos". Los creyentes del Tipo Tres argumentan la verdad de sus creencias mediante una fuerte confianza en el impacto sensorial (particularmente el dolor), la evidencia del pasado y las suposiciones lógicas.

Su verdad, al examinarla, nunca es más que una convicción de que ciertos factores tienen una frecuencia de repetición predecible mayor que ciertos otros factores. Su suposición básica es que los comportamientos consistentes, bien sean de las personas o de los materiales, demuestran alguna verdad.

Ocasionalmente un creyente del Tipo Tres experimenta una remisión de su insistencia por tener la razón y, desde una nueva perspectiva, comienza a ver que ciertos hechos realmente no son más que las creencias básicas de una sola esfera de realidad flotando en todas las posibilidades. Es un momento en el cual uno verdaderamente entiende los paradigmas.

Esto a menudo les sucede a los individuos que toman El Curso Avatar®.

SISTEMAS DE CREENCIAS TIPO CUATRO

Los sistemas de creencias Tipo Cuatro contienen creencias creadas intencionalmente. Están creadas para que sus creadores puedan adquirir experiencias, nuevas perspectivas y, en última instancia, reasegurarse de su propio origen ilimitado. Este es el sistema de creencias de los dioses. Avatar es un sistema de creencias Tipo Cuatro.

Ejemplos de creencias Tipo Cuatro:
- *Las cosas siempre resultan para mí.*
- *La vida me enseña lo que necesito saber.*
- *Yo intuitivamente hago las elecciones correctas.*
- *(¡Inventa tu propia creencia!)*

Los sistemas de creencias Tipo Uno, Tipo Dos y Tipo Tres son diversos grados de desconocimiento de la existencia de los sistemas de creencias Tipo Cuatro. Los sistemas de creencias Tipo Cuatro establecen las reglas y los campos de juego para los otros tipos.

Parte II: Las Enseñanzas

Los sistemas de creencias Tipo Cuatro son generalmente temporales y cambiables puesto que no hay ninguna realidad cruda que finjan reflejar. Los Materiales Avatar contienen instrucciones y herramientas que uno puede utilizar para deliberadamente crear, manejar y experimentar placenteramente las muchas variaciones de creencias Tipo Cuatro.

Los partidarios de los sistemas Tipo Cuatro observan sus creencias, al igual que las de los demás, como las matrices para la realidad experiencial. Los creyentes del Tipo Cuatro emplean creencias para crear conscientemente en el medio de la experiencia. Creen con el propósito de experimentar. Tienden a ser apreciativos y respetuosos de los diferentes sistemas de creencias, pero rara vez defenderán alguno. Frecuentemente cambian sus creencias para explorar nuevas posibilidades y nuevas facetas de experiencia.

¿Qué experiencia te gustaría explorar?

¿Qué te gustaría creer?

Capítulo Diez
Recuperando Tu Matriz Mental

Hay una diferencia entre explorar y buscar.

Recuerda cuando eras más joven y tuviste la oportunidad de explorar algún nuevo terreno o una nueva experiencia. Tú decidías a dónde ir y cómo proceder. ¿No era apasionante? ¡Una aventura! Para la mayoría de las personas es emocionante descubrir lugares nuevos y ver cosas nuevas. Este es el estado mental de un explorador, de un creyente del Tipo Cuatro.

Después, ocurre algo extraño. Descubres que una de tus posesiones falta. Tal vez un bolso o una cartera, una navaja o una joya. Algo personal que tiene valor para ti. ¡Perdido! ¿Fue dejado atrás, o qué? Buscas en tus recuerdos, luego en tus bolsillos y luego comienzas a buscar a tu alrededor.

Recorres el mismo terreno, repasando tus pasos, pero ahora estás en el estado mental de un buscador. Miras aquí, tratando de recordar. Miras allá; tu desesperación te lleva al borde de las lágrimas. Tal vez hasta rezas una o dos oraciones. Te preguntas a ti mismo: "¿Cuándo lo tuve por última vez?" o bien, "¿Qué hago?"

Ahora estás perdido. La vida ya no es una aventura. La emoción y el entusiasmo están suprimidos por la angustia que sientes. Hay un filtro sobre tus ojos que transforma todo en desilusión. Se presentan nuevas experiencias y oportunidades potenciales, pero no son lo que estás buscando.

Aunque tengas éxito encontrando el objeto, el trauma de haberlo perdido puede persistir. Si esto ocurre, dejas de explorar o buscar y comienzas a proteger. Hasta que una persona recupere el carácter juguetón de explorar, la mayoría de sus acciones deliberadas estarán motivadas por el deseo de encontrar, de proteger o de evitar algo.

Las creencias, también, pueden perderse. ¿Cómo? Al hacerse tan familiares que se olvidan. Ocurre después de que la meta o el propósito cambia. Cuando la meta era ser mimado y cuidado por Mamá, la creencia de que "yo soy tierno e indefenso" ayudaba y era valiosa. Uno la asumió y se volvió parte del yo. Más tarde, cuando la meta cambió, la creencia se perdió, se olvidó. Se volvió transparente. Ahora, la persona percibe y actúa a través de ella sin estar consciente que está allí. Las personas pierden conciencia de lo que creen.

Mientras más creencias tengan las personas a través de las cuales actuar y percibir, más difícil se les hace vivir de la manera que quieren. Cuando se relajan, sus vidas caen dentro del patrón de las viejas creencias, p.ej., "yo soy tierno e indefenso" – una creencia no muy apropiada para un alto ejecutivo de negocios. La pérdida de conciencia de las creencias es responsable por el estrés y el autosabotaje. Hay muchas creencias perdidas que se encuentran en el fondo de una vida que está fracasando, una relación que está fracasando o un negocio que está fracasando.

Las creencias perdidas forman una matriz invisible para los sentimientos y las acciones y, sin comprender por qué, creamos o atraemos las circunstancias que harán que se cumplan.

¿Hay creencias en tu matriz que ya no son valiosas? Deben ser descartadas antes de que puedas recuperar el entusiasmo natural del explorador. ¿Pero qué son? ¿Cómo se encuentran?

¿Cómo llegaste a dónde estás? ¿Cómo te metiste en esta situación? ¿Cómo te sales? Tratas de crear una vida nueva, pero ¿qué ocurre? Es saboteada y destrozada por tus creencias perdidas. ¿Cómo sigues con el diseñar tu vida?

→ El primer objetivo de Avatar es ayudarte <u>encontrar</u> tus <u>propias respuestas</u>.

El libro de ejercicios de Avatar, **ReSurgiendo**, contiene ejercicios que complementan el texto precedente. Los ejercicios acerca de las creencias transparentes pueden ayudarte a recuperar la matriz que subyace tus sentimientos y acciones. Como la mayoría de los ejercicios de Avatar, son sencillos de comprender pero requieren valor y una excepcional honestidad con uno mismo para poder aplicarlos con éxito.

Hablaremos acerca de eso a continuación.

Capítulo Once
Una Conversación Privada sobre la Honestidad

Se dice que el antiguo filósofo griego Diógenes deambulaba por las calles de Atenas con una linterna buscando a una persona honesta. Puesto que las enseñanzas más notables de Diógenes se han dado a conocer como la escuela filosófica de los Cínicos,* supongo que sus andanzas fueron en vano.

La honestidad es un tema muy delicado del cual hablar. En la mayoría de los círculos, nunca sería nadie tan indiscreto como para siquiera mencionarlo. Los piratas, criminales, estafadores y timadores proclaman su honestidad con la mayor intensidad. Con razón se ha vuelto un tema que tiende a mancillar al que habla con solo mencionarlo.

Yo estoy consciente de estar caminando en la delgada capa de hielo del más-santo-que-tú, pero este es un tema importante. Sin honestidad con uno mismo, una persona sustituirá con pensamientos racionalizados sus sentimientos genuinos. Por lo tanto, la pregunta: "¿Qué sientes?" evocará especulaciones intelectuales *(¿Qué debería sentir?)* en vez de una experiencia real de lo que está presente.

Las demostraciones deshonestas de los así llamados sentimientos "honestos" a menudo intentan engañar, manipular o camuflar agendas escondidas, por ejemplo, *tu desconfianza me hiere profundamente*. Tratar a otros deshonestamente invariablemente resulta en una disminu-

---

* *Los Cínicos creen que las acciones correctas (valentía) y el pensamiento correcto (honestidad con uno mismo) son las únicas cosas de valor. Creen que la independencia de las necesidades y los placeres del mundo atrae a la liberación. Creen que las acciones correctas y el pensamiento correcto son las únicas cosas que le pueden salvar a uno de vidas desperdiciadas, gastadas en busca de las cosas materiales.*

Parte II: Las Enseñanzas

Fingir es imaginación sin fe.

Crear es imaginación con fe.

Personas que creen en sus fingimientos ¡los crean de verdad!

ción del respeto hacia ellos. A los amigos que hemos descartado, primero los hemos engañado de alguna manera. Lo mismo se aplica en cuanto al respeto que tenemos por nosotros mismos y por nuestros yoes perdidos. La deshonestidad está en la raíz de la autoimportancia afirmada.

Parece que somos capaces de mentir fácilmente acerca de nuestra propia honestidad. Alguna parte de nosotros insiste automáticamente en que somos honestos, sin siquiera inspeccionar lo que estamos haciendo o diciendo. Sorprende a los niños con las manos en la masa, y lo más probable es que las primeras palabras que salgan de sus bocas serán, "¡Yo no lo hice!"

Parece ser más fácil defender las acciones que examinarlas honestamente. Somos más rápidos en atacar que en admitir. ¡Las admisiones requieren valor!

Ser honesto es realmente una cuestión de valor – valor suficiente para ser vulnerable, y para enfrentar lo que tememos. Esta capacidad se pierde en la cortina de humo de engaños que se utiliza para justificar la deshonestidad. Siempre que aceptemos que hay una buena razón para ser deshonesto—dificultad, desesperación, depresión, ignorancia, ser víctima, etc. —aumentamos la evidencia por el temor a lo que estamos evadiendo. ¿Y qué es? Solamente esto: **el miedo es una creencia que tenemos en nuestra incapacidad de enfrentar y lidiar con algo.** ¡Y esa creencia precede a cualquier evidencia de insuficiencia que hayamos acumulado!

Entonces, ¿tenemos el valor de enfrentar lo que tememos? Esta es la prueba más severa de la vida – fracasar lleva a la inconsciencia.

La inconsciencia, surgiendo de nuestros miedos, es la razón por la cual las personas son deshonestas. La creencia responsable de nuestro miedo puede estar perdida en la confusión o escondida en la vergüenza de la humillación. La invitación es para evitar, olvidar, volverse estúpido, y luego, la necesidad de tener la razón autoriza aún más nuestra ignorancia. La deshonestidad es el camino hacia la inconsciencia. No sigas este camino.

Qué bocanada de aire fresco el enfrentar un acto deshonesto y decir, "Yo lo hice porque tenía miedo. ¡Y punto!" Ese es el primer paso hacia el descubrir el miedo escondido. ¡Qué alivio! Ya no hay necesidad de luchar para cambiar el mundo o las circunstancias o a alguien más. Puedes trabajar

Capítulo 11: Una Conversación Privada sobre la Honestidad

en ti mismo. Sólo necesitas reunir tu valor y buscar una **creencia** que tienes acerca de tu propia incapacidad. En el fondo de cada acto deshonesto hay por lo menos una.

Aquí hay una observación notable que tiene profundas implicaciones para el futuro del mundo: *A medida que las personas manejan sus creencias ocultas y transparentes, se vuelven naturalmente más honestas.*

valor *n.* la actitud de enfrentar y lidiar con cualquier cosa que se reconoce como peligrosa, difícil o dolorosa, en lugar de retirarse de ella

incapacidad *n.* no equivalente a lo que se requiere o se considera lo suficiente

fingir *vtr.* un esfuerzo por experimentar o mostrar algo diferente de lo que uno siente o cree (en referencia a uno mismo, a otros o a eventos)

El fingir deliberadamente es una habilidad de actuar y no debe ser confundida con el fingir compulsivamente motivado por el miedo, que es una forma especializada de deshonestidad que enmascara las intenciones de uno. Las siguientes observaciones se aplican al fingir compulsivamente.

El fingir compulsivamente agota la atención de uno y consume las energías creativas. Fingir compulsivamente destruye la motivación y desplaza la intuición. Fingir compulsivamente reduce la capacidad de uno de operar armoniosamente en el mundo. Fingir compulsivamente crea un estrés interno que busca una salida. A veces el resultado es la enfermedad, a veces es la violencia.

Con el tiempo, el fingimiento compulsivo entorpece la capacidad de tratar honestamente a los demás o de ser honesto

Al final, el fingimiento fortalece el miedo que intentaba ocultar.

con uno mismo. Cada vez que a uno le recuerdan (o lo acusan) de estar fingiendo, la respuesta es volverse defensivo y crítico. Con el tiempo uno pierde el contacto con sus sentimientos genuinos. Los que fingen crean falsas identidades que son escenificadas, egocéntricas e insensibles.

Los que fingen critican abiertamente, chismean acerca de y atacan encubiertamente a las personas cuya honestidad les hacen recordar a sus propios fingimientos; con el tiempo esto se vuelve un patrón de comportamiento compulsivo. Ellos suponen que todos los demás también están fingiendo, de manera que sus ataques se especializan en revelaciones comprometedoras.

Los que fingen son personas buenas conducidas por su miedo hacia malas acciones. Operan con agendas escondidas. Para aminorar su sentimiento de culpabilidad, proyectan en otros las identidades que merecen ser timadas, estafadas, robadas, víctimas de mentiras, engañadas o defraudadas de alguna manera. La mayoría de los catálogos definitivos que describen al antisocial, a las mentes criminales, a los pecadores, etc., son las recopilaciones de los que fingen. (Es sabiduría sensata ver al acusador con alguna suspicacia).

Las personas que no pueden confiar en sí mismas se vuelven los fugitivos de la sociedad. Se castigan indirectamente, depositando su confianza en las personas que son menos indicadas para retribuirla. Luego hacen alarde de que han sido traicionadas. Esto alivia su propia carga. En lugar de la integridad personal, confían en la gran absolución del pecado: *¡todo el mundo lo hace!* Sus vidas personales son un remolino de malas relaciones y proyectos fracasados. Al final, el fingimiento fortalece el miedo que intentaba ocultar.

No has hecho ni puedes hacer ningún mal que yo no comparta.

* * * *

Aunque sea muy desagradable contemplarlo, la deshonestidad que encontramos en el mundo es un reflejo de nuestro propio fingimiento. Fingir que nosotros somos honestos y que los demás no lo son no funciona. Esa es la trampa que espera a cualquiera que no asuma la responsabilidad por la deshonestidad del mundo.

Algunas preguntas clave:

"¿Contribuyen mis palabras y acciones a la honestidad colectiva del mundo o a la deshonestidad colectiva?"

"¿Me gustaría vivir en un mundo en el cual todos fueran tan honestos como yo lo soy?"

Capítulo 11: Una Conversación Privada sobre la Honestidad

Todos somos deshonestos mientras que no trabajemos compasivamente para corregir la deshonestidad colectiva del mundo. ¿Cómo? Los castigos y las amenazas de desenmascaramiento son pobres respuestas. Una mejor respuesta es que cada uno de nosotros, en nuestras vidas personales y nuestras relaciones con otros, establezca un valiente ejemplo de honestidad – aun cuando eso signifique exponernos a la dura crítica y juicios de los que fingen.

La honestidad es un camino que conduce a la felicidad. Volverse honesto es un acto de renovación personal. Cuando reunamos el valor para responsabilizarnos de nuestras experiencias, para verlas tal como son, para sentirlas, recuperaremos las matrices de nuestras vidas. Enfrentaremos nuestros miedos y encontraremos las creencias transparentes que los crean. Volvernos más honestos con nosotros mismos significa introducir más honestidad en la conciencia colectiva del mundo, y esto coloca un cimiento sobre el cual se puede construir una civilización planetaria iluminada.

El resultado de vivir honestamente es sentir y compartir – ¡compasión y empatía! Hay una alegría en integrarse voluntariamente con la conciencia de otros. La atención y las energías creativas se combinan dando un resultado sinérgico. Contactos sociales y nuevas oportunidades se presentan. Se desarrollan relaciones que son gratificantes y que proveen una medida de seguridad que ninguna cantidad de dinero, poder ni fama puede proveer. Surge la confianza válida.

Estudiantes del Curso Master Avatar
Australia – enero de 2009

Parte II: Las Enseñanzas

Capítulo Doce
Punto de Vista y la Naturaleza de Ser

"Sólo sabemos lo que experimentamos. ¿Lo que experimentamos refleja alguna inmutable realidad sólida? ... Sólo sabemos lo que experimentamos."
– Conferencia Avatar de 1988

crear *vtr.* [del latín *creare*, hacer] **1.** Producir algo de la nada; dar vida; hacer; originar; especialmente, hacer o diseñar **2.** ocasionar; hacer surgir; causar

definir *vtr.* [del latín *definire*, limitar] **1.** *a)* determinar o establecer los límites de *b)* trazar el contorno preciso de; delinear **2.** determinar o declarar el alcance y la naturaleza de; describir exactamente (*definir* tus responsabilidades) **3.** *a)* dar las características distintivas de *b)* constituir la distinción entre; diferenciar (la razón *define* al hombre) **4.** declarar el significado o los significados de (una palabra, etc.)

El universo consiste de la conciencia vacía definiéndose a sí misma. Todo-lo-que-existe es todo lo que existe. Dividirlo y parcelarlo es el papel de la creación.

Una creencia tiene definición e influencia; es el bloque de construcción de la conciencia. El creer **crea** las creencias. Creer es el acto de crear y estructurar la conciencia.

Las creencias tienen la capacidad de **estimular** impresiones, de **filtrar** impresiones o de **reaccionar** a otras creaciones. Las creencias que tienen la capacidad de estimular o de reaccionar a otras creaciones se llaman puntos de vista.

Un punto de vista habitual se llama un yo. La identidad, o personalidad, del yo es formada por las características de las creencias. Mientras más definidas e inflexibles sean las creencias, más definida es la identidad. Mientras más flexibles sean las creencias, más flexible es la identidad.

Punto de vista: el punto desde el cual algo es visto.

Parte II: Las Enseñanzas

Dos cosas que son iguales en todo sentido ¿no son lo mismo? La realidad absoluta no tiene definiciones, límites ni bordes. Pura conciencia vacía no tiene definición, límites ni bordes.

Detrás del punto de vista está la conciencia vacía sin energía, sin masa, sin espacio, sin tiempo, que subyace a toda creación. Percibe al convertirse en la cosa percibida. En esta modalidad de percepción no hay separación entre el que percibe y la percepción. La percepción es lo mismo que ser. Y la conciencia vacía puede ser cualquier cosa.

Las realidades son proyectadas desde puntos de vista. Los puntos de vista reaccionan e interactúan con sus propias realidades proyectadas para producir los fenómenos de la energía, el espacio y el tiempo.

· · · ·

Nuevas realidades pueden ser definidas y proyectadas por un punto de vista ya existente dentro de una realidad existente. Pero, si quieres preservar el orden, las nuevas realidades definidas dentro de las realidades existentes deben, hasta cierto punto, respetar las limitaciones de la realidad anfitriona, es decir, no cambies tu creencia acerca de la gravedad y pienses que puedes saltar hacia el aire y volar. Si lo haces, una irrealidad inicial (desorden) ocurre cuando violas los límites de la realidad anfitriona.

Capítulo 12: Punto de Vista y la Naturaleza de Ser

A veces, perseverar a través de una irrealidad que no es tan severamente destructiva es esencial para la expansión y el crecimiento.

* * * *

Muchos puntos de vista pueden existir simultáneamente dentro de una sola realidad. Los puntos de vista pueden o no coincidir en su interpretación de la realidad; así que muchas realidades interpretadas (creencias) pueden existir dentro de la realidad compartida.

Generalmente los estados de conciencia más flexibles y expansivos son origen para los estados más sólidos y menos expansivos. Los puntos de vista operan como origen limitado, creaciones dentro de creaciones.

La existencia es un ciclo que comienza con creer y concluye con experimentar.

* * * *

La estructura y la mecánica de la vida y del universo físico pueden ser extrapoladas a partir de estas ideas.

Parte II: Las Enseñanzas

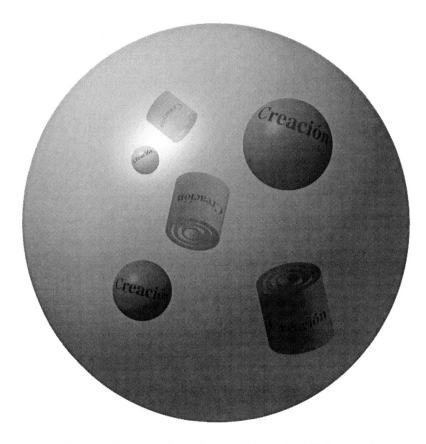

Muchas realidades interpretadas pueden existir dentro de la realidad compartida.

Capítulo Trece
La Gran División

En un esfuerzo por categorizar la realidad, algún punto de vista construye la idea de una realidad interna y una realidad externa y crea una mente para decidir qué va dónde. A partir de ahí, lo que es percibido como fuera de la mente es la realidad objetiva y lo que es percibido dentro de la mente (apercibido) es la realidad subjetiva.

Esta separación de la realidad en lo objetivo (físico) y lo subjetivo (mental) lleva a la suposición (creencia) errónea de que lo que está en la mente es la conciencia y lo que está fuera de la mente es algo aparte de la conciencia – sobreviene un misterio. Esto permite la construcción de una realidad que parece ser independiente del que la percibe.

El próximo paso en la gran ilusión es concluir que la conciencia es el resultado de tu interacción con esta realidad física independiente. ¡Qué trampa tan efectiva esto crea! Se crea un misterio y luego el misterio se vuelve el origen de la conciencia. Así, la ilusión y la decepción aparecen como la realidad subjetiva y objetiva.

La conciencia no evoluciona del universo; el universo evoluciona de la conciencia.

La trampa nos dice que nosotros determinamos lo que creemos a partir de nuestra experiencia de realidades previamente definidas. Así que continuamente encogemos y solidificamos la creación dentro de la cual operamos. El resultado es un ser en una esfera de realidad muy definida y sólida (p.ej., el universo físico).

En cualquier caso, es una creación bastante genial, esta cosa de la mente, excepto que una vez que esté programada por la realidad física, reduce tu poder para crear la realidad. A partir de ahí, filtra la creación de las realidades a través de lo que ya has experimentado. Ya no percibes una silla, sino que ahora percibes la silla favorita de mamá en la cual le gustaba sentarse los domingos y charlar con la tía Inés, o en la cual la abuela se mecía mientras tejía, o la silla que compró papá en la subasta.

Parte II: Las Enseñanzas

Así la realidad se vuelve una interpretación personal que tiene más que ver con lo que fue creado anteriormente que con lo que está creado. Los recuerdos y la percepción comienzan a fundirse en creencias acerca de la realidad. Esto lleva a la noción de que toda realidad es producto de realidades previas que son producto de realidades previas, etc., lo cual nos deja con la psicoterapia y la Dianética. *Les tengo miedo a los gatos porque fui arañado por uno cuando yo era un bebé. El pasado es responsable del presente. Yo soy creado por lo que yo creé anteriormente.* ¡He aquí la gran ilusión!

¡Pero espera! ¡Detente! ¡Callejón sin salida! El punto no se capta: **¡Lo que se considera objetivo AHORA es el resultado de la especulación subjetiva AHORA!**

Así que todo es conciencia vacía definida – ¡conciencia! Una matriz holográfica que sostiene impresiones especializadas, una de las cuales se llama realidad objetiva, una de las cuales se llama realidad subjetiva. Sin definir la conciencia vacía, las preguntas de subjetividad y objetividad no surgen.

Capítulo 13: La Gran División

Todo es conciencia vacía definida.

Parte II: Las Enseñanzas

Estudiantes del Curso Wizard Avatar
Orlando, Florida — enero de 2010

Capítulo Catorce
Creativismo y Realidad

"Llamo a mi filosofía el Creativismo porque no es una verdad descubierta, es una verdad creada. La mayoría de las filosofías se derivan de alguna comprensión o experiencia fundamental del universo – no así el Creativismo; es creado por la conciencia vacía desde origen. Contiene las herramientas mínimas que uno necesita para navegar de una manera autodeterminada en el reino de la conciencia. Este es el camino de Avatar."

– Conferencia Avatar de 1988

experiencia *n.* [*ex-* fuera + *peri-*, intentar, aventurarse] **1.** el acto de vivir un evento o eventos; participación personal en u observacíon personal de eventos **mientras ocurren 2.** cualquier cosa observada o vivida (una *experiencia* que él nunca olvidará) **3.** *a)* todo lo que le haya sucedido a alguien en su vida hasta la fecha (no está dentro de su *experiencia*) *b)* todo lo hecho o experimentado por un grupo, gente en general, etc. **4.** efecto en una persona de cualquier cosa o todo lo que le haya sucedido; reacción individual a eventos, sentimientos, etc. **5.** *a)* actividad que incluye entrenamiento, observación o práctica, y participación personal *b)* el período de tal actividad *c)* conocimiento, habilidad o práctica resultante de esto – *vtr.* **experimentado, experimentando** tener experiencia de; personalmente encontrarse con o sentir; reunirse con; someterse a

Creer define las realidades; experimentar disuelve las realidades. Este es el ciclo de creación.

¡La realidad es ahora, y comienza y termina contigo!

La creación comienza con un esfuerzo (creencia primaria) que define una realidad. La realidad es entonces (o más tarde) experimentada por el creador. El intervalo entre la expresión de la creencia primaria y la conclusión de la experiencia define el tiempo.

Parte II: Las Enseñanzas

El punto de vista quintaesencial, el cual hemos olvidado, es el del Creador universal primario.

Imagina no límites...

Siempre y cuando **voluntariamente** te responsabilices de y aprecies tus creaciones, la acción de crear es continuo. Cuando son apreciadas, las creaciones retornan a la conciencia vacía de la cual surgieron. Pero cuando desconoces tus creaciones (por un lapso de memoria, negación, juicio, invalidación, etc.) y te niegas a experimentarla, la sustancia y forma de las creaciones persiste – así surgen la conciencia y la realidad.

La razón por la cual fallas en apreciar una creación es porque, en el intervalo entre originación y experiencia, experimentas un cambio de punto de vista. Desde el nuevo punto de vista, la creación no parece como algo que lógicamente crearías. Hasta que el viejo punto de vista es reasumido, se niega asumir la responsabilidad. El nuevo

Los juicios lo separan a uno de la responsabilidad.

punto de vista reacciona contra la creación original al originar nuevas capas de creencias que son experimentadas o como disfrute o resistencia a la creación original. Estas capas adicionales crean las experiencias de lo que es feo y lo que es bello, lo que es correcto y lo que es incorrecto, y lo que es apropiado y lo que es inapropiado. Estas capas adicionales crean la experiencia de opiniones y juicios acerca de la creación original.

Capítulo 14: Creativismo y Realidad

Las opiniones y los juicios te separan aún más de la responsabilidad por y experiencia de tu creación original. Así la creación original, al no responsabilizarte de ella ni experimentarla con aprecio, persiste.

Toda la confusión y los eventos fortuitos en tu vida ocurren debido a estos cambios de punto de vista. El olvido, como un ejemplo, ocurre después de un cambio de punto de vista. Originas una creencia que quieres experimentar, pero debido a que tu mente está agitada, antes de experimentarla cambias tu punto de vista, cambias de opinión, y originas una nueva creencia. Ahora estás creyendo por encima de tus creencias originales (fingiendo). Realidad encima de realidad. ¿Qué experimentas? Un poco de esto y un poco de aquello, confusión y eventos al azar.

El punto de vista quintaesencial, el cual has olvidado, es el del creador universal primario.

Así que el primer paso de regreso al punto de vista del creador es aceptar que donde estás es exactamente y solamente donde estás. Para comenzar el proceso de ordenar tu vida, tienes que responsabilizarte de y apreciar las circunstancias en las cuales te encuentras en este momento – continuamente.

Date cuenta que en este momento presente estás exactamente donde alguna vez decidiste que querías estar. No tiene sentido cuestionar la sabiduría detrás de tu decisión. Tenía sentido en aquel momento. Cuando asumes la responsabilidad por tu vida, comenzarás a apreciar la sabiduría de todas tus creaciones y encontrarás en ellas lecciones que te fortalecerán. Mientras aprendes, la solidez de tu realidad comenzará a ablandarse y a disolverse, capa por capa, hasta que observas las creencias fundamentales que la crearon.

Ahora sabes qué creador tan poderoso eres. Y con las herramientas Avatar puedes operar desde ese espacio donde puedes cambiar tus creencias para moldear el próximo momento. Este es el arte de vivir deliberadamente.

A medida que tus juicios y resistencias se disuelven y la quietud de tu mente se profundiza, tú recuperas la habilidad de experimentar las creencias fundamentales que crean toda realidad.

Parte II: Las Enseñanzas

El sendero está marcado claramente. Cuando cualquier condición en la cual te encuentras es experimentada, el próximo nivel de creencias aparecerá. Cuando ese nivel es experimentado, el próximo aparece, etc. Las creencias aparecen en el siguiente orden:

- creencias que crean condiciones en tu vida
- creencias acerca de necesidades y obligaciones
- creencias acerca de responsabilidad y pertenencia
- creencias que crean identidades
- creencias que crean tiempo
- creencias que definen la naturaleza de la materia
- creencias que definen el comportamiento de la energía
- creencias que crean espacio

Estudiantes del Curso Profesional Avatar
Orlando, Florida — octubre de 2010

Capítulo Quince
Diseñando Tu Propia Realidad

decidir *vtr*. [*de-* de, desde + *caedere* cortar] **1**. terminar (un concurso, una disputa, etc.) al otorgarle la victoria a una de las partes o al pronunciarse **2**. dilucidar o tomar una decisión acerca de; determinar (*decidir* qué corbata ponerse) **3**. ocasionar que se llegue a una decisión

SINÓNIMOS: **decidir** implica ponerle fin a la vacilación, duda, disputa, etc., al tomar una decisión acerca de una acción, curso a seguir o juicio; **determinar**, además, sugiere que la forma, el carácter, las funciones, el alcance, etc., de algo están fijados con precisión (el club se *decidió* por una serie de conferencias y nombró un comité para *determinar* los oradores, las fechas, etc.); **acordar** enfatiza el carácter definitivo de una decisión, a la cual con frecuencia se ha llegado por arbitraje, e implica la terminación de toda duda y controversia; **concluir** es decidir luego de cuidadosa investigación o razonamiento; **resolver** implica firmeza de intención para llevar a cabo una decisión (*resolvió* irse a la cama temprano cada noche)

– Diccionario Webster's New World

Con el tiempo, todos se darán cuenta de que lo que creen tiene una consecuencia directa sobre sus vidas. Desafortunadamente, la mayoría de los niños no tienen este tiempo de descubrimiento y son bombardeados desde temprana edad con lo que **deberían** creer. El resultado es que lo que a veces **dicen** creer (su adoctrinamiento) oscurece lo que verdaderamente creen.

El verdadero dilema de la existencia está en decidir **qué** creer. Vidas enteras se pasan eludiendo esta decisión. La mayoría de nosotros ya estamos siguiendo patrones profundos y adoctrinados cuando nos damos cuenta que decidir por nosotros mismos es una opción. ¡Decidir es fundamental para crear!

Al final aprendemos que las creencias que verdaderamente sostenemos, las que hemos **decidido** creer, nuestra **fe**, nos harán crear o atraer experiencias que las verificarán. Las creencias que simplemente hemos aceptado como parte de nuestro adoctrinamiento pueden sostener una realidad existente, pero nunca crearán una nueva.

La realidad consta de las experiencias que crees que son reales. Lo que es real puede o no ser lo mismo para todos.

Las fantasías son las experiencias que crees que no son reales.

Fingir es resistirse a lo que decidiste creer.

La duda es un conflicto entre nuevas decisiones y viejas decisiones.

Lo que tú crees y cómo tú crees determinan tu realidad.

Para hacer que algo sea real tienes que creer en ello. Para que sea real para otros, ellos tienen que creer en ello. En la medida en que fallas en manejar tus creencias, la realidad permanecerá más allá de tu control.

* * * *

Tú experimentas lo que tú crees. Si tú no crees que experimentas lo que tú crees, entonces no lo experimentas, lo cual aún significa que la primera declaración es cierta.

Nosotros podemos creer que lo que experimentemos nos sorprenderá, y entonces generalmente lo hace. Podemos creer que la experiencia nos iluminará, y entonces probablemente lo hará. Podemos creer que tendremos que buscar larga y duramente para encontrar la experiencia. Podemos creer que nunca encontraremos la experiencia. Podemos creer que no hay ninguna experiencia por encontrar. Podemos creer que no hay nada que podamos hacer al respecto, incluso si encontramos la experiencia. Podemos creer que la experiencia que encontramos no es la experiencia que creíamos que íbamos a encontrar. Podemos creer cualquier cosa que nos plazca, y cuando decidimos creerla sin duda, será lo que experimentaremos como la realidad.

Capítulo 15: Diseñando Tu Propia Realidad

Así, desde el punto de vista de origen, cualquier percepción o creación, recibida directa o indirectamente a través de cualquier canal sensorial, a través de la imaginación, a través de la intuición, a través de la fe – a través de cualquier dimensión – puede ser experimentada como real o no, dependiente solo de lo que deliberadamente crees. (No es posible tener una percepción o creación que no exista, pero puedes creer que la percepción o creación es irreal. Los seres humanos intencionalmente limitan sus propias percepciones.)

Así que **¡la realidad es cualquier cosa que crees que sea!** (Siempre y cuando no haya ningún conflicto con tus creencias previas.)

Lo único que está fuera de la realidad es el origen inexpresable. Y es una ilusión creada por el lenguaje que aparenta haber un adentro y un afuera. Dicho con más precisión, aunque de manera algo enigmática, origen ocupa una dimensión alógica que permea todo.

Origen es la conciencia vacía sin definición. No contiene separación ni es contenido. No hay ninguna diferencia entre lo que se cree, lo que se experimenta y lo que está experimentando. La conciencia vacía sin definición es una unidad desde la cual surge la realidad. El yo esencial que experimentas que eres existe como una creación dentro de esta conciencia-vacía-sin-definición. La mínima ecuación para cada uno de nosotros es: conciencia vacía + creación primordial = yo esencial. El yo esencial generalmente es expresado como "Yo soy."

¡La identidad está compuesta de y definida por las capas adicionales de creencias que son añadidas a tu yo esencial!

* * * *

Cuando las personas se apartan de ser el origen de sus creencias, su pasado se hace cargo como el origen de sus creencias. La responsabilidad es ser origen ahora mismo. Culpar es buscar quién era origen. Las personas pueden volverse adictas al pasado para proveer respuestas. Revertir el flujo y hacer que una persona le dé respuestas al pasado puede ser un poderoso proceso transformador.

Durante muchísimo tiempo las personas han sopesado las pruebas, analizado y han tomado las medidas para contestar, "¿Qué debo creer?" Ahora está claro que esta era la pregunta incorrecta. La pregunta correcta es, "¿Qué quiero creer?"

* * * *

Ejemplos de creencias:
- Yo creo que puedo tener razón.
- Los gatos son criaturas.
- Me siento mal porque comí demasiado.
- Tú tienes que cumplir con tu deber.
- Es terrible estar enfermo.
- Yo soy una persona tolerante.
- Me enfermo con facilidad.
- Es difícil ganar dinero.
- El dinero me viene con facilidad.
- Yo tengo miedo de amar.
- Es difícil para mí cambiar.
- Siempre llego tarde.
- Es difícil porque...
- Hice todo lo posible.
- Yo soy (no soy) una persona amable.
- No es tan fácil.
- Tú tienes que ser realista.
- No funcionaría para mí.
- Yo hago lo que puedo.
- Yo no lo hice.
- Yo estoy feliz.

Capítulo 15: Diseñando Tu Propia Realidad

- No importa lo que yo crea.
- A veces las cosas sencillamente pasan.
- Los niños son así.
- Los gobiernos son malos.
- Yo no tengo ninguna confianza en la autoridad.
- Todo es una creencia.
- Hay algo más fundamental que la creencia.
- Algunas cosas no pueden ser cambiadas.
- Todo puede ser cambiado.
- Es mejor vivir en el norte.
- Es mejor vivir en el sur.
- Hay algunas cosas por las que vale la pena luchar.
- No hay nada por lo que valga la pena luchar.
- Una persona no puede marcar una diferencia.
- Todos marcan una diferencia.
- Hay una diferencia entre verdad y creencia.
- No hay ninguna diferencia entre verdad y creencia.
- Yo no puedo costearme Avatar.
- No hay nada que yo pueda (no pueda) hacer.
- Así es como es.

Parte II: Las Enseñanzas

*Estudiantes del Curso Wizard Avatar
Daytona Beach, Florida — enero de 2012*

Capítulo Dieciséis
Verdad Relativa y Existencia

"Dos filósofos en una biblioteca caminan a lo largo de un estrecho pasillo entre estantes de libros. Al final del pasillo, el primer filósofo comenta acerca de los libros que ha visto.

'¿Qué?', dice el segundo filósofo. 'Ésos no son los que yo vi.'

Rápidamente comienzan a discutir. ¿Por qué?

Ah, ¿les mencioné que uno de los filósofos es treinta centímetros más bajo que el otro?"

* * * *

*"**COMO** observas afecta lo que percibes como verdad. **COMO** actúas afecta lo que puedes hacer. Las inconsistencias en la observación y las habilidades surgen como un resultado de las diferencias entre los **COMO**..."*

Conferencia del Curso Wizard Avatar de 1991

Las cosas que decimos que son ciertas acerca de un nivel de existencia podrían no ser ciertas en otro nivel de existencia. Las cosas que vemos como ciertas desde una perspectiva podrían no ser ciertas desde otra perspectiva. La mayoría de los desacuerdos y conflictos, particularmente en la religión, filosofía y psicología, se deben **no tanto a lo que es visto sino a una discordancia entre los niveles de visión o las perspectivas.**

Las prácticas y los procedimientos que transforman vidas en un nivel de existencia podrían ser impracticables o no tener ningún efecto en otro nivel de existencia.

Conocer el marco de referencia del observador es esencial para evaluar la verdad de una observación. ¡Los borrachos a veces sí ven conejos rosados!

Parte II: Las Enseñanzas

Ya que los procedimientos de Avatar para manejar creencias se dirigen directamente a la conciencia que los utiliza, se autoadaptan al nivel de existencia que está siendo experimentado por la persona.

El cuadro *(figura 1)* describe cuatro niveles generales de existencia, las principales preocupaciones de cada nivel y los resultados de creer en cada nivel.

Organizar lo que determinamos que la existencia es, en categorías o niveles más específicos, puede hacerse fácilmente. Podemos definir y categorizar la existencia por el **impacto o** la **certeza** con el cual la percibimos (nivel del cuerpo), por el **acuerdo o deseo** expresado por otros puntos de vista (nivel de la identidad) o por el **sistema o método** por el cual es percibida (nivel de la conciencia). Podemos hablar de las realidades personales, realidades

figura 1

Nivel de Existencia	Principales Preocupaciones	Resultados del Creer
Conciencia Vacía (Sin Definición)	Crear y descrear la realidad	El creer resulta en la manifestación sin esfuerzo
Conciencia (Definiendo)	Pensamientos, observaciones e impresiones	El creer resulta o en una creación o en una re-estimulación de una creación previa
Identidad (Definida)	Evaluaciones, preferencias y juicios	El creer filtra la percepción
Cuerpo (Creación)	Estimulación, regeneración y procreación	El creer alinea (cierto) o entra en conflicto (falso) con una realidad existente

Capítulo 16: Verdad Relativa y Existencia

sensoriales o realidades conceptuales, acerca de las similitudes y diferencias, pero en el análisis final, siempre que hablemos acerca de cualquier nivel de existencia, estaremos hablando acerca del resultado de nuestras creencias.

Las creencias son las lentes de colores que filtran de todo-lo-que-existe aquello que deseamos experimentar.

El cuerpo humano es un producto de las creencias. El ADN es un patrón de creencias. Juntos crean una maravillosa combinación de lentes-de-creencias que filtran el impacto de ciertas partículas y energías en frecuencias significativas que experimentamos como la realidad física. El ojo humano registra ciertas frecuencias de luz, los oídos están sintonizados a ciertos umbrales de vibración, etc. Y aunque podemos crear maravillosos instrumentos capaces de percibir frecuencias vibratorias más allá de los filtros sintonizados del cuerpo, operan sólo traduciendo lo que el cuerpo no registra dentro del estrecho rango de percepción que el cuerpo sí puede registrar. Las realidades no traducidas se pierden para cualquiera que cree que sólo es capaz de percibir dentro del nivel de existencia de un cuerpo.

Similares capacidades amplias y limitaciones existen para los niveles de existencia de la identidad y de la conciencia.

Antes de experimentar Avatar, muchas personas creen que los eventos puramente conceptuales, tales como la telepatía, las corazonadas, el "déjà-vu", la intuición y otras percepciones extrasensoriales, están más allá de los límites de su experiencia. Avatar les muestra a las personas cómo cambiar su nivel de existencia y así cambiar estas creencias limitantes. Reconocen que son libres de explorar la posibilidad infinita.

Tú creas posibilidad al creerte dentro de ella, y disuelves limitación al experimentarte fuera de ella.

* * * *

El universo surge dentro de la conciencia vacía, no al revés.

– Conferencia Avatar de 1987

Parte II: Las Enseñanzas

Los individuos que comparten la misma creencia, bien sea creada o adoctrinada, forman una conciencia colectiva que puede definir y moldear el mundo.

Los eventos que componen la realidad del mundo resultan de una matriz de creencias que se rehace continuamente de la suma vectorial de cada creencia sostenida por cada individuo. La realidad colectiva es el promedio de toda intención.

Así como el agregarle una sola gota al océano causa cambios microscópicos en el volumen, la temperatura y las corrientes, cada vez que un individuo cambia su creencia, la matriz mediante la cual se despliega la realidad colectiva cambia. Incluso para el individuo más aislado, cada momento de alegría, cada momento de tristeza, cada amabilidad, cada pensamiento crítico suma sus consecuencias a la matriz para los eventos del mundo.

El mañana se despliega de acuerdo con la intención de tus creencias colectivas. Siempre habrá tanto conflicto y sufrimiento en el mundo como hay ignorancia e intolerancia en la conciencia de la humanidad.

La misión de Avatar en el mundo es catalizar la integración de sistemas de creencias. Cuando percibes que la única diferencia entre cualesquiera de nosotros es creencias, y que las creencias pueden ser creadas o descreadas con facilidad, el juego de lo correcto y lo incorrecto perderá fuerza y sobrevendrá la paz mundial.

Parte III: El Sendero

Capítulo Diecisiete
Expansión

Verano de 1987. Seis meses después de los primeros Avatares, nos invitaron a mi esposa Avra y a mí a California para entregar la primera clase de Avatar de la Costa Oeste. Se suponía que habría 11 personas esperando para inscribirse en la clase, pero justo antes de llegar me enteré que en realidad nadie había pagado. Todos estaban esperando oírme hablar antes de tomar su decisión final. Esto me tomó por sorpresa, porque no había preparado nada que decir.

Llegaron más sorpresas en el aeropuerto. Nuestro equipaje todavía estaba en Pittsburgh, y nuestro amigo que fue a buscarnos nos comentó que además de los 11 probables estudiantes habían otras 50 personas esperando en su casa para escucharme hablar. *¿Qué voy a decir?*

Así, sucio, sudoroso y cansado, me encontré a mí mismo sentado en un taburete en una sala de California con 60 desconocidos sentados en el suelo a mi alrededor. Si alguna vez los procesos Avatar funcionaron, tenían que funcionar ahora. Cerré los ojos y pasé un minuto manejando mis propias dudas y mi nerviosismo. Cuando apliqué los procesos, todas las dudas se esfumaron. Cuando abrí los ojos, yo era la conciencia vacía sin definición. *¿Cómo están, mis amigos? ¡Qué regalo les he traído!*

"Trataré de describir Avatar sin transmitirles demasiadas de mis propias creencias o perspectivas. La razón por la cual digo eso es porque El Curso Avatar trata de **tus** creencias y **tus** perspectivas."

¡Inmóvil silencio absoluto! Sesenta personas, dos bebés y un perro, y ¡se podía escuchar el tictac del reloj en la pared de la cocina! Estaba tan silencioso que hasta perturbó al perro y se sorprendió a sí mismo con un ladrido apagado. Sentí que yo había dicho lo suficiente. *Ellos saben. Deja que me sientan. Debajo de las creencias, somos parte de la misma conciencia vacía. Siéntanlo.*

La sala se relajaba mientras la niebla de pensamientos se despejaba. Habíamos tocado algún lugar detrás de todo y ahora éramos amigos. Estábamos enamorados. Ojos llenos de lágrimas. Sonrisas gentiles, de aceptación. *Yo amo esta sensación. Somos reales. Sin disfraces, y somos reales. Juntos, parte de un mayor destino compartido.*

"Lo que tú crees tiene consecuencias en tu vida. El Curso Avatar te ayuda a hacer la conexión entre lo que estás experimentando y la creencia que está creando la experiencia.

"Imagínate inscribiéndote en un curso donde los materiales de estudio consisten en tu propia conciencia. Proveemos herramientas de navegación, un mapa en blanco y apoyo emocional. Es tu exploración; tienes que traer tu propio terreno.

"El propósito es ayudarte a regresar al nivel de conciencia en el cual tú eres el conocedor origen creativo de tus propias creencias. A lo largo del camino vas a aprender que **lo que** crees no es ni cercanamente tan importante como el saber **cómo** crees. En este caso, comprender el recipiente es más importante que comprender los contenidos. Vacía los contenidos. Maravíllate con la destreza que crea el tazón.

"El origen creativo es un estado de ser sin esfuerzo. No lo confundas con una actitud o identidad que podría estar puesta en automático y parecer natural. Este estado es indefinido, de aceptación, y sin esfuerzo. (Desear y resistir son esfuerzos. Aceptar y apreciar son sin esfuerzo). Desde este estado de ser puedes experimentar cualquier cosa, y dentro de límites extremadamente amplios (quizá ilimitados), cambiarla como tú decidas.

"Este es el estado de ser que llamamos Avatar, y hemos encontrado un procedimiento muy sencillo y muy efectivo para lograr este estado. Puede lograrse en cuestión de días cuando se presenta bajo la orientación de un Maestro experimentado. Con este sentido de presencia y las herramientas que te enseñamos a utilizar, estás equipado para la exploración de tu propia conciencia."

"El curso está diseñado en tres secciones. La Sección I es para el intelecto. Es alimento para la mente. Requiere solamente que escuches, leas u observes y, si deseas, contemples lo que has experimentado. Tiene la intención de generar una comprensión y una conexión con un ámbito de vida más amplia."

"Luego con los materiales de la Sección II, comienzas a explorar. Pequeñas expediciones al patio trasero de tu

Capítulo 17: Expansión

conciencia. ¡Pernoctaciones! Practicas las habilidades y herramientas específicas que se necesitan para manejar exitosamente lo que ya estás experimentando en la vida. Es una oportunidad para ordenar tus asuntos antes de que comience la gran aventura."

"La Sección II clarifica y expande un canal perceptivo extrasensorial hacia el universo físico, del cual quizá ya estás vagamente consciente – un sentir ampliado. Este es un sentir no sensorial que no requiere de contacto físico. Aquieta la mente y realza dramáticamente tu sentido de ser."

Una mano se levanta en la audiencia. "¿Es como la meditación?"

"Sí y no. Produce el mismo tipo de quietud mental que produce la meditación, pero lo hace de una manera interesante y mucho más rápida. Se parece a la meditación en cuanto a que se trata de lograr dominio sobre la mente – permitiendo que la mente se aquiete – pero Avatar lo hace alegremente, sin la lucha ni confrontación. Es la diferencia entre abrir una caja fuerte forzando la puerta o usando la combinación. Avatar es la combinación."

Al grupo le gusta la analogía. Muchos de ellos han pasado bastante tiempo forzando.

"Otro ejercicio en la Sección II desarrolla una habilidad de reconocer, crear y cambiar los juicios. Esto realmente comienza a despertarte a los patrones en tu vida."

"Experimentamos lo que experimentamos de acuerdo a nuestros juicios, que son las creencias a través de las cuales filtramos nuestras percepciones. Dos personas pueden experimentar el mismo evento de una manera bastante diferente. Para una de ellas es traumático y arruina su vida; para la otra es intrascendente. La diferencia está determinada por los juicios que las dos personas le ponen en la experiencia."

"El resultado final de este ejercicio es la habilidad para honestamente relajar el juicio acerca de cualquier cosa que se esté experimentando. Te permite meterte en las experiencias resistidas como entrar en un jacuzzi para darse un buen baño. Si has estado luchando con una condición física o con una relación, este ejercicio produce tomas de conciencia poderosas y experiencias de momentos decisivos."

"La parte final de los materiales de la Sección II contiene herramientas y ejercicios para quitar las barreras o bloqueos que puedes haber puesto por delante de tu habilidad para crear la realidad. Lo describimos como la experiencia más retadora a lo largo de la cual alguien se haya reído. Produce calambres en tu cara de tanto sonreír, aumenta tu habilidad para crear y te devuelve el control sobre la existencia."

En mi mente veo las caras sonrientes de los estudiantes que me han dado las gracias después de completar este ejercicio. Sus ojos húmedos ocupan un lugar especial en mis recuerdos. También recuerdo, con algo de tristeza, la cara enojada de un estudiante que no lo logró y denunció a Avatar como un fraude. Estaba congelado frente a los controles de una vida en vías de fracaso y no podía dejar de lado su rabia justificada. *Bueno, cuando ya no le sirva ser una víctima, el tiempo lo traerá de regreso. Solo un poco más de esfuerzo, un poco más de honestidad, y él también lo logrará.*

En caso de que estén presentes algunas víctimas crónicas, siento que sería indicado una pequeña advertencia. Si no estás completamente satisfecho con los resultados que logres en la Sección II, no continúes a la Sección III. No hay nada en la Sección III que repare pobres resultados en la Sección II. Si no continúas, y decides dentro de la próxima semana o algo así, que la Sección II no valió lo que pagaste, yo me encargaré personalmente de que recibas un cheque de reembolso." *Sonrío para mis adentros. ¿Alguna vez alguien ha ofrecido la iluminación con una garantía de devolución del dinero?*

"Bueno, ahora la Sección III, el plato principal. La Sección III comienza con una sesión de iniciación guiada, dirigida por un Maestro Avatar." *Ése soy yo hasta que los nuevos Maestros completen su entrenamiento.*

"La iniciación te lleva en un recorrido de algunas de las estructuras de las creencias transparentes más fundamentales de la conciencia. Transparentes porque en lugar de verlas, se ve a través de ellas. La iniciación te introduce experimentalmente a los procedimientos y las herramientas que puedes utilizar para manejar tu vida con autodeterminación. Normalmente, es una experiencia iluminadora y perspicaz y que puede dejarte en un estado eufórico por algún tiempo." *Me sorprenderá si no están totalmente extasiados y eufóricos por el resto del día, pero eso no lo digo.*

Capítulo 17: Expansión

"Después de tu iniciación te convertirás en un experto en los procedimientos Avatar que haces solo. Ahora estás listo para explorar. Con los procedimientos que haces solo y con la asistencia ocasional de un Maestro Avatar o de un compañero de estudios, comienzas tu exploración con los **recorridos Avatar**. Cada recorrido se dirige a un área de experiencias, creencias o actitudes que pueden estar interfiriendo con tu apreciación de la vida. Repasaré los recorridos para ustedes."

Recorrido de Manejo del Cuerpo. "El primer recorrido se llama Manejo del Cuerpo. Los procesos del Manejo del Cuerpo producen efectos similares a los de estar sumergido en un tanque de privación sensorial, pero sin el riesgo de aislamiento o reacciones de pánico y mucho más rápido. Te ayudan a reconocer las creencias que te mantienen identificado con un cuerpo físico, y si tú lo eliges, te enseñan cómo funcionar independientemente de un cuerpo. Te experimentas a ti mismo como un inmaterial ser espiritual."

Una pareja en la fila delantera se miraron el uno al otro con complicidad y me doy cuenta de que acaban de tomar la decisión de inscribirse.

"El Manejo del Cuerpo también te ayuda a identificar percepciones y sensaciones indeseables que de hecho has estado instalando en el cuerpo. La ilusión era que venían del cuerpo. El resultado es que el cuerpo ya no se mantiene desalineado por juicios o creencias perjudiciales."

"Una vez que reconoces y experimentas que has estado instalando sensaciones desagradables en el cuerpo, puedes volver a ponerle las sensaciones que deseas tener. Puedes experimentar algunas curaciones notables." *Notables – yo he visto milagros, pero no quiero problemas con la AMA (Asociación Médica Americana).*

"Un fascinante efecto adicional del Manejo del Cuerpo es el sueño lúcido, o controlado, que produce. Aprendes a entrar en el estado onírico de la conciencia sin dormirte. Algunos estudiantes han reportado experiencias de flotar o volar y de explorar dimensiones alternas."

Recorrido de Limitaciones. "El segundo recorrido se llama Limitaciones. ¿Alguna vez han explorado algún tipo de camino evolutivo o espiritual?" La mayoría levanta la mano. "Entonces están conscientes de que nos ponemos limitaciones a nosotros mismos. Decimos, 'No puedo hacer esto... no puedo hacer aquello,' y luego nos preguntamos por qué no podemos hacerlo.

"Los cuentos de niños hablan acerca de la pequeña locomotora que pensaba que sí podía, y la noción del pensamiento positivo ha existido por años. Bueno, esta es una nueva mirada al tema.

"En el recorrido de las Limitaciones, eliminas limitaciones específicas que interfieren con las metas que te excitan y animan. Probablemente no escogerás manejar todas las limitaciones porque algunas sirven para enfocar tu vida."

Recorrido de Identidades. "El tercer recorrido se llama Identidades. La mayoría de las personas tiene un armario mental lleno de disfraces que llevan con ellos y que proyectan en las personas que encuentran. '¿Pondrías este disfraz para mí?' '¿Podrías ser esta persona para mí?'

"Cuando nos llevamos bien con las personas, generalmente es porque están dispuestas a ponerse los disfraces que les ofrecemos y nosotros estamos dispuestos a ponernos los que ellos nos proporcionan.

"¿Alguna vez alguien te ha puesto una identidad que tú no querías llevar puesta?" Esto ocasiona gestos de aprobación en el grupo.

"Cuando percibes a otra persona sin ningún disfraz ni juicio ni filtro de creencias, la percibes como un ser espiritual. Es una experiencia profundamente conmovedora percibir a otro ser puramente sin distorsión alguna. Es un espacio compasivo que algunos han llamado amor incondicional."

Recorrido de Manejo de Masa Persistente. "El cuarto recorrido se llama Manejo de Masa Persistente. Te guía suavemente hacia los aspectos más resistidos de tu vida. Puedes eliminar deseos, compulsiones, presiones persistentes y dolores que pueden haber parecido estar más allá de tu control. Las primeras sesiones de Masa Persistente se hacen con otra persona que actúa como un facilitador. Este es un proceso muy poderoso y produce asombrosos resultados que cambian la vida."

Recorridos de Manejo del Universo y Manejo de la Conciencia Colectiva "El quinto y el sexto recorrido se llaman, respectivamente, Manejo del Universo y Manejo de la Conciencia Colectiva. Estos recorridos los haces

Capítulo 17: Expansión

después de haber resuelto tus propios conflictos personales y deseas ayudar a la conciencia colectiva de la vida.

"Una de las ideas que creas temprano en la vida es la idea de ser alguien. De hecho, ser alguien es la experiencia de una creencia. Si tomas a la conciencia vacía más una creencia acerca de ser alguien y las unes, te da un individuo. Puedes permanecer siendo un individuo al crear más creencias que te separen aún más de la conciencia colectiva—o con los procedimientos Avatar, puedes eliminar las creencias que ocasionan la separación y experimentar una conciencia colectiva. Puedes cambiar cualesquier creencias que puedas tener que te separe de la pura conciencia vacía creativa — la **Voluntad Consciente**.

"En el proceso de Manejo del Universo aprendes que todas las cosas están conectadas en algún nivel de conciencia. En cierto sentido no hay ninguna conciencia individual, solo segmentos de la conciencia colectiva. Con este ejercicio trabajas en localizar los límites que te impiden unirte a la conciencia colectiva y operar dentro de ella.

"Esto es obviamente un estado de logro muy elevado, y los estudiantes variarán en su habilidad de y disposición a emplear esta técnica."

El Proceso Supremo. "El último ejercicio se llama El Proceso Supremo. Llamado así acertadamente. Es guiado por otra persona.

"El curso completo toma de siete a nueve días, dependiendo de ti."

Terminé la charla invitando a las personas a extenderse y sentirme, no con sus manos sino con su conciencia vacía.

Todos en la sala parecían interesados. Conversé con algunos amigos y sentí alivio al ver una línea de estudiantes formándose frente a la mesa de inscripciones de Avra. Al día siguiente comenzamos la clase con 18 nuevos estudiantes.

A los pocos días la clase se hizo tan grande con los recién llegados que tuvimos que mudarnos a un hotel, y nuestra entrega de una semana en la Costa Oeste ¡se alargó a 12 semanas y varios cientos de estudiantes!

Viejos amigos se llamaban unos a otros con el mensaje: "¡Esto es! ¡Ven ahora!" Un estudiante llegó después de enterarse de Avatar por una llamada telefónica destinada a su compañero de cuarto. Otra estudiante recibió una lectura psíquica en la cual le fue dicho que haga Avatar. Un tercero llegó debido a un sueño.

Porque tantos comparaban la experiencia de Avatar con el despertar, comenzaron a referirse a sí mismos como Maestros del Despertar (MDs). Los Maestros del Despertar enviaron una llamada al despertar largamente esperada. "Avatar es lo que estás buscando."

Los estudiantes continuaban llegando, incluso siguiéndonos de regreso a Nueva York para terminar el curso.*

---

* Entre 1987 y 2011, decenas de miles de personas han experimentado Los Materiales Avatar.

Capítulo Dieciocho
La Nueva Civilización

Lo que sigue es editado de un discurso de graduación dado por Harry Palmer, Autor de los Materiales Avatar, el 28 de abril de 1990, en un Curso Master en Niza, Francia

Imagínate a 250 individuos de 12 países que durante más de una semana han convivido juntos a una profundidad de ser que principalmente experimenta compasión, apreciación y alegría. Han venido a aprender a entregar Avatar y pasarles la luz a otros.

...ustedes han llegado muy lejos, todavía tienen un largo camino por andar. El mundo está cambiando. La esperanza está despertando. Es una buena época para estar vivo. Es una buena época para obras nobles y para compartir esfuerzos humanitarios. Quizá como nunca antes, ustedes tienen los medios y las herramientas para crear una nueva civilización. Eso es su regalo.

Los delirios de grandeza son delirios solo mientras queden sin realizarse. En caso contrario son obras grandes y nobles. Tu voluntad ahora determina cómo el futuro percibirá estos días: engañados en delirios de grandeza o fundadores de una civilización planetaria iluminada. Está en sus manos.

Mañana es la graduación. Confío que los últimos nueve días les hayan resultado iluminadores.

Ustedes han de saber que están uniéndose a una muy poderosa red mundial de los seres más capaces en este planeta. Para que estén cabalmente informados antes de asumir este compromiso, quiero decirles lo que la red Avatar defiende y a lo que se opone.

No es raro para hombres y mujeres perseguir fervientemente alguna gran causa, abrazar alguna gran idea de rectitud y dedicar toda su fuerza y sus corazones a erradicar algún mal real o imaginado ...ni raro para algún individuo o grupo proclamar que son los virtuosos encargados de una enseñanza divina y para creer que su desdén y condena del mal salvará al mundo. Nada raro.

¡En absoluto! Pero es también, después de 5.000 años de fracaso, claramente impracticable.

Cualquiera puede decidir que sus ideas son rectas. Cualquier idea puede ser disfrazada para parecer recta. Las ideas rectas son inscritas en pergaminos y en libros sagrados. Finalmente se convierten en los eslóganes en las banderas de batalla que son utilizados para justificar actos desconsiderados por los cuales ningún individuo jamás asumiría responsabilidad personal. Si lo hiciese, sería juzgado y condenado por asesinato. Así, miles de hombres jóvenes mueren con ideas rectas en cada bando.

Este es el camino que ustedes **no** defienden. Más vale que denuncien a Avatar mil veces antes de utilizarlo ni siquiera una vez para justificar sus acciones. Ustedes no defienden ninguna causa por encima de la responsabilidad personal.

Como un miembro de la red Avatar, trabajas en el mundo, pero te mantienes fuera de él. Sabes ahora que estás aquí por elección y con una misión. Ustedes son redentores del mundo. Son el equipo del despertar. Comprenden que los problemas del mundo en última instancia tienen que ser resueltos donde comenzaron – en la conciencia.

Ustedes trabajan hacia la integración que permitirá la descreación de todas las fronteras, todas las definiciones de raza, todas las cárceles y todas las cerraduras. Ustedes trabajan hacia una civilización planetaria iluminada.

Es tu elección y tu privilegio vivir en esta época y ser testigo del progreso de Avatar en el mundo. Tienes la posibilidad de lograr en tu vida más armonía planetaria de la que jamás ha existido.

Cuando suficientes personas sean capaces de ver que las únicas diferencias reales entre cualesquiera de nosotros son las ideas y creencias que creamos, habrá un despertar mundial espontáneo al hecho de que compartimos un destino inseparable.

A medida que se vayan dando cuenta de su verdadera naturaleza – indefinida y siempre presente – todos reconocerán que no hay ninguna ganancia en la cual todos no participen ni ninguna pérdida por la cual todos no compartan el sacrificio.

Capítulo 18: La Nueva Civilización

Como Avatares, ustedes recuerden quiénes son y qué no son. Recuerden que no son cosas. Recuerden que no son ninguna de las ideas de nacionalismo ni raza por las cuales pelean los humanos. Ustedes no son ni expresiones ni identidades. Ustedes son el origen de estas cosas y ustedes pueden crear mejor.

Juntos pueden trabajar para alimentar a los hambrientos, proteger el medio ambiente y hablar por la paz – estos son los esfuerzos que les ganan el tiempo que necesitan para expandir Avatar y crear un mundo iluminado. Pero en última instancia, todos estos problemas deben ser resueltos dentro de la conciencia colectiva de la humanidad.

Lo que ustedes defienden es el equilibrio al cual llegarán todas las cosas. Deben lograr ese punto quieto en sus propias vidas y desde ese lugar compartir la experiencia de Avatar.

No todos apreciarán su sabiduría inmediatamente. Cuando se topan con alguien que no escuchará las lecciones, deberán mirar más profundamente en ustedes mismos, para encontrar la idea que proyectan como equivocada y la idea que abrazan como cierta y resolverlas. Luego ofrecer de nuevo las lecciones. Lo que no pueden hacer desde afuera, pueden hacerlo desde adentro. Ya no cabe la menor duda; pueden anticiparse y comenzar a celebrar el alba de una civilización iluminada.

Su red de amigos crecerá por siempre. Es una alegría para ustedes y un ejemplo resplandeciente de cordura para las futuras generaciones que marcarán el paso según este período de transformación mundial.

Personalmente, les doy las gracias por su tiempo y por la confianza que han depositado en mí. Por siempre permaneceré fiel a la inexpresable unión que compartimos ahora y que con seguridad compartiremos de nuevo. Es nuestra fortaleza secreta. Estamos juntos aquí y ahora, siempre. Los amo.

Parte III: El Sendero

Avatar
Práctico y Místico

Para cualquiera que esté encontrando el tema de Avatar por primera vez, Avatar es un entrenamiento de nueve días que le da poder al individuo y es entregado por un Maestro Avatar. Las herramientas de Avatar son una sinergia de ejercicios, práctica y procedimientos que, cuando comprendidos y utilizados apropiadamente, aumentan tu capacidad de vivir deliberadamente. Son herramientas asombrosamente efectivas y eficientes para tomar el control de tu vida. Si necesitas identificar y resolver una creencia o conducta autosaboteadora, las herramientas de Avatar pueden ayudar. Si quieres crear una relación armoniosa o lograr el éxito o sólo alcanzar un estado agradable de felicidad y alegría, las herramientas de Avatar pueden ayudarte. También son efectivas para eliminar la tristeza y el estrés de tu vida, restaurar la salud y lograr tranquilidad.

Viviendo deliberadamente significa operar como un origen creativo – por lo menos dentro de los confines de un cierto dominio de la realidad. Un origen creativo actúa deliberadamente desde su propia determinación interna; es responsable.

Hay muchos dominios de la realidad, y cada uno contiene muchos niveles de origen creativo. Lo que puedes crear, controlar o cambiar a través de tus propios esfuerzos y fuerza de voluntad determina el tamaño del dominio de la realidad dentro del cual puedes operar como un origen creativo. No todos los orígenes creativos son iguales.

La evidencia de que las herramientas de Avatar están funcionando para ti es que ciertas cosas que no podías anteriormente crear, controlar o cambiar sólo a través de tu esfuerzo y fuerza de voluntad, ahora sí puedes. En otras palabras, dentro del dominio de la realidad que estás experimentando, te has movido a un nivel más elevado de origen creativo. Tú has adquirido o recuperado una mayor capacidad de vivir deliberadamente.

Esto pasa cuando alguna experiencia resistida o incapacidad o comportamiento que te detenía se elimina o se cambia de manera positiva. Te mueves más allá de tus limitaciones anteriores. El tamaño de tu dominio de la realidad aumenta y, junto con él, tu influencia, tus oportunidades y tu confianza aumentan. Tu poder como origen creativo aumenta.

Estos son resultados esperados del entrenamiento Avatar. Los estudiantes que sienten que no han logrado estos resultados al final de la segunda sección del curso de tres secciones tienen derecho a un reembolso completo.

Preguntas Prácticas

La mayoría de las personas que se inscriben con un Maestro para el entrenamiento Avatar tienen la meta inmediata de mejorar sus vidas. El intercambio amistoso y la curiosidad intelectual pueden ser factores importantes en su decisión, pero el factor de mayor fuerza normalmente es, "¿Funcionará para mí?"

Quieres ser más feliz. Puede que sientas que hay algo que te mantiene alejado de la felicidad. Ese "algo" puede ser específico en mente o más bien puede ser algo vago e indiscernible, algún estrés o presión invisible. Estas a menudo son las cosas con las que erróneamente crees que debes aprender a vivir. Estas barreras a la verdadera felicidad están escondidas en tu mente, evitadas cuidadosamente, pero su efecto destructivo sobre tu vida continúa apareciendo.

Así pues la pregunta inmediata en muchas mentes es, "¿Funcionará para mí?"

Esta no siempre es una pregunta que un Maestro Avatar pueda contestar. Enseñarle a alguien cómo utilizar una herramienta, aun cuando la presentación incluya muchas horas de prácticas y ejercicios, no siempre producirá un artesano exitoso o motivado. El verificar que las herramientas funcionan para otros no es realmente la respuesta a, "¿Funcionará para mí?"

La verdadera respuesta a esta pregunta es una pregunta en respuesta, "¿Qué tan honesto contigo mismo estás dispuesto a llegar a ser?"

¿Qué tan vulnerable te permitirás llegar a ser? La razón por la cual se pregunta esto es que las verdaderas causas de tu infelicidad, cualesquiera que sean, y las causas de tus fracasos, cualesquiera que sean, están enterrados bajo capas de tu propia resistencia. Y aunque un Maestro Avatar pueda guiarte, pueda crear un espacio seguro y compasivo, al final tu disposición de ser vulnerable es lo que disuelve las capas de resistencia. Entonces las verdaderas causas de tu infelicidad se revelan y puedes poner las herramientas de Avatar a trabajar para ti.

Siempre y cuando estés dispuesto a recorrer el camino que te guíe a una mayor honestidad contigo mismo, las herramientas de Avatar sí funcionarán para ti.

Preguntas Místicas

Después de que hayas logrado una maestría exitosa de las herramientas de Avatar, puedes utilizar las herramientas para remodelar o cambiar las realidades personales. Las capacidades se recuperan. Las creencias limitantes y autosaboteadoras son descreadas. Las metas de vida son descubiertas. En cierto sentido, arreglas tu vida.

Te mueves más allá de tus limitaciones anteriores. El tamaño de tu dominio de la realidad aumenta y, junto con él, tu influencia, tus oportunidades y tu confianza aumentan. Tu poder como origen creativo aumenta.

La atención fijada se libera y tu conciencia vacía se expande; la mente se relaja. Y dentro de la quietud mental, surgen preguntas más distantes – preguntas místicas acerca de la vida y la muerte. ¿Quién soy yo que piensa? ¿Por qué soy yo? ¿Cuál es mi propósito? ¿Cuál es el propósito de cualquier cosa? ¿Qué será de mí cuando muera? Estas preguntas son los portales hacia los misterios interiores.

Uno de los misterios interiores revelados en la mente tranquila del estado Avatar es que hay un suave impulso o intención que subyace bajo el despliegue de la vida. Es como un orden cósmico divino que serena y compasivamente te susurra las sugerencias perfectas justo en el momento correcto. Pero no impone su voluntad; no es insistente; no ordena. Lo más probable es que no haya sido escuchado, o si lo fue, fue ignorado. Muy pocas personas entienden a este Tao interno universal. Para la mayoría, se ha perdido en la bulla de los pensamientos. Muchas personas tienen destellos intuitivos, pero aun estos destellos vienen con dudas fuertes.

Así, más allá del éxito material y de la felicidad, en los momentos del aquí y ahora, libres de la mente, se despliegan nuevas prioridades. ¿Qué es realmente importante? ¿Cuáles de mis acciones tienen trascendencia y cuáles acciones son triviales? ¿Por qué estoy tan preocupado con las cosas no permanentes?

Estas son preguntas encontradas a lo largo del camino de la honestidad con uno mismo. No solo provocan respuestas; crean momentos de repentina comprensión intuitiva – revelaciones. Ciertas cualidades empiezan a evolucionar en tu vida: la serenidad, compasión y consideración hacia los demás.

La experiencia de un momento trascendente y una toma de conciencia de tu propia conexión con el origen son experiencias místicas pero indudablemente reales de tu entrenamiento Avatar. Si tienes el valor para intentarlo, te espera un viaje maravilloso.

Epílogo de Harry
Alineación

Desde 1987 he tenido el honor de conocer a miles de graduados Avatar. Al principio los encuentros son un poco incómodos – quieren darme las gracias por haber creado Avatar y estoy un poco avergonzado por las alabanzas. Pero pronto la vergüenza es reemplazada por una sensación de alineación y un profundo respeto mutuo. Dos expresiones de la conciencia han logrado remontarse por encima de los pesados juegos de la vida y mirarse una a otra a través de ojos humedecidos. No hay palabras apropiadas ni tampoco un esfuerzo por encontrar alguna. No hay discípulo. No hay maestro. Dos compañeros que experimentan una compasión por la humanidad que constituye un vínculo inseparable.

He visto el vínculo formarse entre estudiantes de diferentes países y diferentes antecedentes. He sido testigo de una red global de compañeros que despiertan de un mundo que iba a la deriva en una niebla adversaria hacia un nuevo mundo de entendimiento y cooperación. Los nuevos Avatares intuitivamente sienten la emoción. Hay un reconocimiento del por qué el destino los ha dotado de un cierto talento o por qué la vida los ha favorecido con el desarrollo de tal o cual destreza. ¡Cada uno de nosotros es una parte esencial del mismo equipo!

Avatar creó una movilización mundial del espíritu. Lo que una vez fue solo una silenciosa y solitaria esperanza, luchando contra las muchas creencias acerca de la inminente autodestrucción de los seres humanos, se ha vuelto un punto de reunión. Algo bueno ha aparecido.

Si al leer este libro has sentido algunos cambios intangibles comenzando a tener lugar en tu idea de lo que es posible, estoy satisfecho.

Amor Ilimitado,
Harry Palmer

Viviendo Deliberadamente

Alineación

*Cuando estés listo para explorar los funcionamientos
más profundos de tu propia conciencia y familiarizarte
con la creación que tú consideras como el yo...*

Los Materiales Avatar

El Curso Avatar	Requisitos del curso	Disponible de	Enseña acerca de
Sección I El Taller ReSurgiendo	Ninguno	Cualquier Maestro Avatar con licencia vigente para entregar El Curso Avatar.	Información preliminar del curso. Principios filosóficos de Avatar. Ejercicios para producir nuevas percepciones y conexión con niveles más elevados de conciencia.
Sección II Los Ejercicios	Una familiaridad con *ReSurgiendo*.	Cualquier Maestro Avatar con licencia vigente para entregar El Curso Avatar.	Los principios gobernando creación y experiencia. Ejercicios para mejorar la percepción de la creación y restaurar la capacidad de crear la realidad.
Sección III Los Recorridos	Recuperación de la experiencia de ser tu propio origen.	Cualquier Maestro Avatar con licencia vigente para entregar El Curso Avatar.	Los principios que gobiernan la descreación y el manejo de la realidad. Iniciación personal y siete recorridos autodirigidos que manejan aspectos de la existencia.

El Curso Master Avatar	Requisitos del curso	Disponible de	Enseña acerca de
Sección IV (a) El Despertar	Haber completado El Curso Avatar y una invitación de tu Maestro Avatar.	Entregado sólo por equipos de entrega de Star's Edge.	Origen de Ser. La estructura y mecánica de la identidad personal. Localizar creencias núcleo. Cambiar perspectiva. Instrucciones para dar sesiones de iniciación y supervisar recorridos.
Sección IV (b) El Curso Profesional: Más Allá del Despertar	Haber completado la Sección IV (a) de El Curso Master Avatar.	Entregado sólo por equipos de entrega de Star's Edge.	Los componentes de la vida: Ser, Motivación, Percepción, Operación, Organización, Alineación. Usar la atención para crear sin quedarse atrapado por ella.

El Curso Wizard Avatar	Requisitos del curso	Disponible de	Enseña acerca de
Sección V Capacidades extrasensoriales	Haber completado la Sección IV (a) de El Curso Master Avatar.	Entregado sólo por Star's Edge International.	La conciencia colectiva. Niveles y capacidades de la conciencia. Influencias ocultas en la vida. Liderazgo y gerencia de la civilización.

Resultados esperados	Costo/ tiempo
Mayor conexión con y nuevas percepciones acerca de la naturaleza de la realidad personal. La capacidad de descubrir tus creencias más secretas.	$295*USD 2 días
La capacidad de percibir la realidad sin juicios, distorsión ni separación; modificar la realidad personal; crear estados de ser experiencialmente reales a voluntad.	$500*USD 4 a 5 días
La capacidad de abordar sensaciones corporales, conflictos interpersonales, dependencias, creencias autosaboteadoras y compulsiones; asumir plena responsabilidad por las condiciones y circunstancias de tu propia vida.	$1500*USD 2 a 4 días *Costo de El Curso Avatar varía fuera de los EE.UU.

Resultados esperados	Costo/ tiempo
La capacidad de manejar condiciones persistentes y una certeza en la viabilidad de los Materiales Avatar. Graduados exitosos reciben una licencia provisional como asistentes, internos o Maestros Avatar con licencia completa, para organizar y participar en entregas de Avatar que exceden las expectativas de los estudiantes.	$3000USD 9 días
Una comprensión del propósito de la vida y la capacidad de mantenerte cómodamente presente en circunstancias difíciles.	$2500USD 7 días

Resultados esperados	Costo/ tiempo
La capacidad de comprender y manejar creación. La capacidad de operar desde el punto de vista del yo superior. La capacidad de transformar la civilización.	$7500USD 13 días

El Camino Avatar

El Rumbo Que Hemos Seguido

Nuestra Garantía: Leer este libro cambiará tu vida.

En la superficie, este es un libro de palabras que transmite una melodía agradable. Pero debajo de los cuentos, los acordes de la conciencia están siendo pulsados de manera que transformarán la manera de que piensas.

• • • •

$16,95USD

Del prólogo: Como la mayoría de los viajes, la autoevolución tiene un punto de partida. Ese punto de partida es el reconocimiento de que algunos (o hasta la mayoría) de tus creencias y valores guías se basan en la imitación de los padres, maestros, compañeros, clientes satisfechos, celebridades, autoridades, los exitosos o hasta los fracasos del mundo.

La vida que estás viviendo es una copia de la de alguien más. Es una colcha de retazos de préstamos e influencias inconscientes. Cuando reconoces esto, realmente lo ves, algo independiente de cualquier adorno mental despierta—un nuevo yo. Puedes llamar a este nuevo yo "Yo soy." Este inefable espíritu—auténtico TÚ —se despierta con un deseo de explorar su potencial.

Los artículos y cuentos en las páginas que siguen tienen la intención de iluminar arquetipos en la conciencia que ayudarán tu crecimiento. Mientras lees, varias cosas sucederán: las expectativas y opiniones de los demás serán reconocidas y reconsideradas; valores personales serán re-examinados; y patrones de comportamiento cambiarán. Y lo más importante, TÚ, ese inefable explorador, comenzarás a despertar como un Ser Origen. Este es un viaje heroico.

ReSurgiendo^{SM}

Técnicas para la Exploración de la Conciencia

¿QUIÉN SOY YO?   ¿POR QUÉ ESTOY AQUÍ?   ¿ADÓNDE VOY?

ReSurgiendo es un nuevo enfoque a estas antiguas preguntas. Encontrarás las respuestas al explorar la estructura subyacente de tu propia conciencia. Es más fácil de lo que podrías creer.

ReSurgiendo se refiere a la acción de desenredarte de viejas creaciones y elevarte de nuevo hacia la conciencia vacía. El libro de ejercicios *ReSurgiendo* es una guía Avatar para explorar el funcionamiento interior de tu propia conciencia.

$15,00USD

Personaliza tu expedición hacia la conciencia para satisfacer tus propias necesidades. Hasta dónde llegues es algo que tú determinarás. No hay ningún esfuerzo para adoctrinarte con la creencia o verdad de otra persona. Lo que tú crees es lo que tú crees, y la verdad que tú descubres es tu verdad.

Descubrirás nuevas percepciones y tomas de conciencia acerca de cómo funciona tu vida—o por qué no funciona.

¿Qué Es Avatar?

El Curso Avatar es un curso poderoso y rápidamente efectivo basado en la sencilla verdad que tus creencias te harán crear o atraer las situaciones y eventos que tú experimentas como tu vida.

La Meta del curso de tres secciones es guiarte en una exploración de tu propio sistema de creencias y equiparte con las herramientas para modificar esas cosas que deseas cambiar. El Curso Avatar abre una ventana al funcionamiento interior de tu propia conciencia.

El Curso enseña lecciones de vida (experienciales) en lugar de lecciones de palabras (intelectuales). Por esa razón requiere un MAESTRO AVATAR entrenado para guiarte hacia las lecciones verdaderas ya contendidas en tu propia conciencia.

Avatar enseña el uso de probadas herramientas de navegación que se pueden utilizar, en armonía con tu propia integridad, para pasar con seguridad a través de la turbulencia inexplorada de la mente hacia la región del alma.
—Harry Palmer

El Paquete Gratuito de Información de Avatar

¿Qué Es Avatar? • Avatar: Práctico y Místico • Diez Acciones que Puedes Hacer Hoy para Comenzar a Retomar Tu Vida • *Regalo Especial:* Una Tarjeta Avatar de Compasión

Obtén tu paquete gratuito de información de Avatar hoy visitando **www.TheAvatarCourse.com/info** o llama al número indicado abajo.

Para Ordenar

Llama al 1.407.788.3090 o 1.800.589.3767 (EE.UU. y Canadá), contacta con tu Maestro Avatar local o visita www.AvatarBookstore.com.

Más de Harry Palmer

Visita www.AvatarBookstore.com
Todos los precios son en dólares estadounidenses.

*3 Caminos de Avatar DVD
(subtitulado en 12 idiomas) $49,95

Tres charlas en un DVD

*Responsabilidad Personal, Compasión y Servicio a los Demás DVD
(subtitulado en 12 idiomas) $19,95

*Cómo Explicarlo Todo DVD
(subtitulado en 12 idiomas) $19,95

*Impresiones DVD
(subtitulado en 16 idiomas) $19,95

*No Te Vendas por Poca Cosa DVD
(subtitulado en 13 idiomas) $19,95

*Manejando el Cambio DVD
(subtitulado en 15 idiomas) $19,95

*Está Mejorando DVD
(subtitulado en 15 idiomas) $19,95

*Origen de Ser DVD
(subtitulado en 14 idiomas) $19,95

*Decídete DVD
(subtitulado en 17 idiomas) $19,95

*Todo Está Bien DVD
(subtitulado en 13 idiomas) $19,95

Conciencia Embotellada DVD $12,95

*Haz lo Mejor de lo que Suceda DVD
(subtitulado en 16 idiomas) $19,95

Retos de la Vida DVD
(subtitulado en 14 idiomas) $19,95

Mantente Despierto y Relájate DVD $12,95

Conexión y Ánimo DVD $12,95

Las Tres Preguntas de la Iluminación CD $6,95

La Gira de la Costa Oeste 1987:
Bienvenido a Avatar CD $6,95

Cómo Crear Magia en Tu Vida CD $6,95

Ama a la Preciosa Humanidad: *Una Colección de la Sabiduría de Harry Palmer* libro $19,95

*__Los Siete Pilares de la Iluminación:__
Los Minicursos Avatar libro $35,00

*__Avatar en su Interior:__ *Alcanzando la Iluminación* libro $12,95

*__Manual de Torbellino de Pensamientos:__
Una Evolución en el Pensamiento Humano libro $15,95

*__El Manual del Maestro Avatar__ libro $24,95

Awaken: *Los Diarios Avatar* $5,00

Para Ordenar

*disponible en español

Llama al 1.407.788.3090 o 1.800.589.3767 (EE.UU. y Canadá), contacta con tu Maestro Avatar local o visita www.AvatarBookstore.com.

Avatar En Línea

Este sitio está traducido a muchos diferentes idiomas.

TheAvatarTimes.com

Explora y entiende la relación entre tus creencias y tus experiencias.

Avatar cierra para siempre las cuentas vencidas de las terapias mentales e ideologías religiosas del pasado y confirma el potencial creativo del espíritu humano. Estos son los Tiempos de Avatar. Visita este sitio web para suscribirte al Boletín Informativo GRATIS de los Tiempos de Avatar.

TheAvatarCourse.com

Tu Fuente para Explorar el Más Poderoso Programa Disponible de Autodesarrollo

¿Quieres saber más acerca del camino Avatar? Este sitio web es el lugar para comenzar. Puedes descargar artículos por Harry, mirar vídeos de Avatar, inscribirte para los boletines gratuitos de Los Tiempos de Avatar, conectar con un Maestro Avatar local, y más.

AvatarResults.com

Cuentos Personales y Nuevas Percepciones de los Estudiantes de Avatar

Después de cada curso Star's Edge recibe muchas cartas donde los estudiantes de Avatar comparten sus nuevas percepciones, amor, gracias, gratitud y apoyo.

Una pequeña fracción de la más de 500.000 cartas que ha recibido Star's Edge de nuestros estudiantes están disponibles en este sitio web.

AvatarJournal.com

Nuevas Percepciones y Herramientas para la Expansión de la Conciencia

El *Avatar Journal* es una publicación gratuita en línea con noticias y artículos de todo el mundo de Avatar. Visita para las buenas noticias.

AvatarBookstore.com

El Lugar para Publicaciones y Productos Avatar

¿Quieres una copia de "Viviendo Deliberadamente"? ¿Estás buscando la charla de Harry, "Retos de la Vida", en DVD? Este es el sitio para publicaciones y productos Avatar.

AvatarEPC.com

Contribuyendo a la Creación de una Civilización Planetaria Iluminada

En este sitio encontrarás información sobre Star's Edge International, la compañia que supervisa los cursos Avatar, así como enlaces a otros sitios web de Avatar.

EarthsCompassionTeam.com

Apoyando el Liderazgo Compasivo por Todo el Mundo

Apoyando a líderes para que tomen acción consistentemente a través de la compasión es imperativo en nuestro mundo que está evolucionando rápidamente. Este sitio web se dedica a esa meta.

¡Juntos podemos cambiar lo que era en lo que podría ser!

www.facebook.com/AvatarCourse
www.facebook.com/CompassionProject
www.facebook.com/TheAvatarPath
www.twitter.com/AvatarCourse

Viviendo Deliberadamente

AVATAR

¿Te gustaría estar libre de viejas restricciones que te hacen infeliz?

¿Te gustaría alinear tus creencias con las metas que quieres lograr?

¿Te gustaría sentirte más seguro acerca de tu capacidad de conducir tu propia vida?

¿Te gustaría experimentar una expresión de ti mismo más tranquila, más sabia, más elevada?

¿Te gustaría poder elevarte por encima de los pesares y las luchas del mundo y verlos por lo que en realidad son?

¿Te gustaría experimentar el estado de conciencia tradicionalmente descrito como la iluminación?

Avatar es para ti.

¿Te gustaría saber más acerca de ti mismo y el mundo en que vives? ¿Te gustaría explorar más profundamente la creación que consideras tu yo? Entonces haz que un Maestro Avatar te contacte. Con miles de Maestros Avatar por todo el mundo es seguro que hay uno cerca. Envía tu nombre, dirección y número de teléfono a:

Star's Edge International
237 N Westmonte Dr
Altamonte Springs, FL 32714 USA

tel: 1.407.788.3090 o 1.800.589.3767 *(EE.UU. y Canadá)*
fax: 1.321.574.4019
correo electrónico: avatar@avatarhq.com
sitio web: www.AvatarEPC.com

Déjanos saber la mejor hora y método para comunicarnos contigo y haremos que un Maestro Avatar con licencia se ponga en contacto contigo.